中宣部主题出版重点出版物

GZC 2020 高校主题出版 GAOXIAO ZHUTI CHUBAN

“中国之治的成功密码”丛书

中国特色社会主义为什么好

刘晨光 著

中国人民大学出版社
·北京·

目　录

文明特质篇

文明自信篇

文明战略篇

导论

中华文明与现代社会主义的交融

开创新文明

中国特色社会主义为什么好？回答这一问题，首先要弄清楚什么是中国特色社会主义，以及中国特色社会主义“好”在哪里。然而，前面这一问题似乎本就包含后面两个问题。就其本体或实质而言，中国特色社会主义是社会主义而不是其他什么主义，是科学社会主义在中国大地上鲜活而生动的体现。就其功用或效能而言，中国特色社会主义是一条中国式的现代化道路，是中国共产党领导中国人民实现社会主义现代化和中华民族伟大复兴的必由之路。识其“体”，通其“用”，自然也就不难领会中国特色社会主义“好”在哪里。说到底，中国特色社会主义是社会主义之“体”与现代化之“用”在当代中国这一特定时空的合一。

我们更为熟悉的表述是，中国特色社会主义是科学社会主义理论逻辑和中国社会发展历史逻辑的辩证统一。它既坚持科学社会主义基本原则，又具有鲜明的实践特色、理论特色、民族特色、时代特色，是根植于中国大地、反映中国人民意愿、适应中国和时代发展进步要求的社会主义。因此，说到中国特色社会主义的“好”，可以从其理论逻辑、历史逻辑、实践逻辑、价值逻辑、时代逻辑等方面予以阐发。

中国特色社会主义还是道路、理论、制度、文化“四位一体”的社会主义，而这“四位一体”，又统一于中国特色社会主义伟大实践。也正是因此，我们把中国特色社会主义视为需要高高举起的伟大旗帜、需要不断推进的伟大事业。总之，绝不能形而上学地抽象地理解中国特色社会主义，而要时刻牢记，它是一代又一代中国共产党人领导中国人民进行的接力探索，是仍然正在创造中的具体历史，是不断书写的新篇章。

中国特色社会主义还是经济建设、政治建设、文化建设、社会建设、生态文明建设“五位一体”的社会主义，统筹国内国际两个大局的社会主义，通过全面深化改革、全面依法治国、全面从严治党来全面建成小康社会，进而全面建设社会主义现代化国家的社会主义。其战略、政策、方针背后的理念，自然也都是一贯的。

以上种种，我们想统一在一个理论视角下来看，那就是**文明论的视角**。中国特色社会主义作为一种既不同于西方资本主义、又不同于传统社会主义的新型现代化发展道路，实质上正在创造一种新型文明。由于这一新型文明尚在生成之中，正如黑格尔所说的“密涅瓦的猫头鹰在黄昏起飞”，我们还无法予以事后的全面总结，但可以肯定的是：这一新型文明既是中国的，又是世界的，因为它要回应和解答的现代性问题既是中国的，又是世界的，它所提供的现代社会主义[①]方案也既是中国的，又是世界的；这一新型文明既是古老的，又是现代的，因为它既是对中华文明的坚守和继承，又是对中华文明的创新和发展。

从文明形态来讲，取代现代资本主义文明的，只能是现代社会主义文明。与传统的诸文明形态相比，现代资本主义文明具有极大的扩张性和普遍性，以至于在某种程度上似乎成了现代文明的化身。但就像不能把现代化简单等同于资本主义现代化一样，把现代资本主义文明简单等同于现代文明，无疑是一种褊狭的迷思。取代现代资本主义社会的现代社会主义社会，

① 恩格斯在《社会主义从空想到科学的发展》中使用的“现代社会主义”概念，既包括了19世纪初空想社会主义，也包括了马克思主义的科学社会主义，但无论如何，它是在现代资本主义社会产生，并对现代资本主义进行了批判和扬弃。我们在这里使用的“现代社会主义”，正是与“现代资本主义”相对的，是在吸收现代资本主义有益成果的基础上对现代资本主义的扬弃。就中国而言，现代社会主义主要是指科学社会主义一脉在中国的发展。

正是要创造一种新型的现代文明、一种更符合人的自由发展和社会全面进步之要求，也因此更为正当、更加可欲的理想文明。而这种新型文明在任何特定社会主义社会的生成，都会自然地打上这个社会所特有的底色和特性。

从文明论的视角来看中国特色社会主义，它实质上就是中华文明与现代社会主义在当代中国交融的产物。**中国特色社会主义之所以“好”，就在于它正在经由这种历史性的、命运性的交融，来创造一种新型的现代文明。在中国大地上生成的这种新型现代文明，既是中华文明的最新形态，又是旨在“超克”[①] 现代资本主义文明弊病的现代社会主义文明的特定形态。没有与现代社会主义的交融，中华文明就不会发生这种从传统到现代的嬗变与演化；没有与中华文明的交融，现代社会主义也几乎不可能迎来这种从危机到新生的再造与发展。**

因此，我们在这里是把中国特色社会主义作为一种正在创造中的新型文明来看待，它不仅有助于中华民族实现现代化和伟大复兴，而且还具有重要的世界历史意义，即它有可能引领着人类未来，为人类对更好社会制度的探索提供中国方案和中国智慧。

---

① “超克”一语，借用于日本作家竹内好。参见：竹内好．近代的超克．李冬木，等译．北京：生活·读书·新知三联书店，2016：366－431．日本学界的相关讨论，可参见：赵京华．“近代的超克”与“脱亚入欧”：关于东亚现代性问题的思考．开放时代，2012（7）．

中华文明的新生

放在中华文明自身的演进历程中来看，中国特色社会主义是中华文明因遭遇西方帝国主义、被纳入现代世界资本主义体系后，经由长期充满曲折和苦痛的嬗变与转型，最终迎来的现代新生。一言以蔽之，中国特色社会主义显示的就是“旧邦新命”，就是中华文明在现代的新形态。正是因此，作为人类古老文明之一的中华文明，成为几大古老文明中唯一不断绵延到现代世界并获得新的生机的文明。英国思想家伯特兰·罗素曾言：“与其把中国视为政治实体还不如把它视为文明实体——唯一从古代存留至今的文明。”[①] 美国政治学者白鲁恂的论断更加著名，他认为中国是“一个伪装成国家的文明”[②]。

在现代之前的人类文明史中，中华文明长期居于领先地位，曾达到农业文明时代可能达到的顶峰状态。据英国经济学者安格斯·麦迪森估算，即便在鸦片战争之前（1820

① 罗素．中国问题．秦悦，译．上海：学林出版社，1996：164.

② PYE L W. China：erratic state，frustrated society. Foreign affairs，1990，69：58. 亨廷顿曾在《文明的冲突与世界秩序的重建》一书中引用该论。参见：亨廷顿．文明的冲突与世界秩序的重建．周琪，等译．3 版．北京：新华出版社，2002：28.

年)，清朝的经济总量仍很可观，约占当时世界经济总量的1/3 左右[①]，这无疑令人惊叹。但中华文明相较别的文明的殊胜之处，主要并不在此。

中华文明是一个“理性早熟”的文明，中华民族较早地开启了“文明之光”，并且这一“文明之光”一旦开启就不再遮蔽，即便在后来某些无比黑暗混乱的年代，也从未沉沦澌灭。中华文明的这一内质使其早早地卓然屹立于卡尔·雅思贝斯所谓的“轴心时代”诸文明之列，并且当其他文明因种种原因而削弱或消除这种理性的光辉时，中华文明仍一直忠实地持守着自己的本色。

启蒙时代的欧洲思想家们，其中有不少是比较能理解和欣赏中华文明的这种特质的，尤其在与经历过漫长的中世纪、笼罩在浓厚宗教氛围中的欧洲文明相比，中华文明对于人自身理性的大信实在太鲜明、太突出了。这着实使那些相信凭借人类理性而非神圣启示就可改变世界、使世界变得更加美好的启蒙哲人羡佩不已。比如莱布尼茨、伏尔泰等，就从不吝啬于给予中华文明其本该享有的赞美。

作为中华文明“群经之首”“大道之源”的《易经》，最早是这样论及文明的：“‘见龙在田’，天下文明”(《易经·文言·

① 麦迪森．世界经济千年史．伍晓鹰，等译．北京：北京大学出版社，2003：中文版前言．

乾》）；又言："刚柔交错，天文也；文明以止，人文也。观乎天文以察时变，观乎人文以化成天下。"（《易经·彖·贲》）显然，中华文明理解的"文明"是在天人关系亦即人与自然关系的总体框架下讲的，并且其最核心的内涵就是"文化"——人文教化。人之为人，人类社会之为人类社会，最宝贵的并不在于无止无休地对外征逐，而在于效法自然之道并在一定程度上自我设限（知"止"），把精力用在文化道德的修养和提升上。

中华文明对"文明"的理解本就蕴含在早启的理性之中。那"见龙在田"的就是早启的理性，宛如旭日东升，而"天下文明"也只是理性的光辉使然。关键在于，中华文明对于理性以及文明的信，只是对于人自身内在力量的信，同时这一力量最主要的就是用于不断提升人自身以及整个社会的文德修养和精神境界。也正是因此，中华文明常被认为具有某种泛伦理主义或泛道德主义的意蕴。这种概括自然是不全面的，但也不失为一种"片面的深刻"，只不过在批评者意在贬斥中华文明的时候，中华文明却并不以为全是贬义，反而会感觉一些自豪。

就连伟大智者如黑格尔，不也讥讽《论语》只是相当于"道德箴言集"吗？在《哲学史讲演录》中，黑格尔曾这样评价孔子的学说："我们看到孔子和他的弟子们的谈话，里面所讲的是一种常识道德，这种常识道德我们在哪里都找得到，在哪一个民族里都找得到，可能还要好些，这是毫无出色之点的东西。孔子只是一个实际的世间智者，在他那里思辨的哲学是一点也没有的——只有一些善良的、老练的、道德的教训，从里面我们不能获得什么特殊的东西。”[①] 还有著名的“李约瑟之问”[②]，只能说明即便对中华文明大有兴味如李约瑟者，也并未真正懂得中华文明，更不用说深味其中精髓了。他们都生活在西方的启蒙现代性之后，对于理性的理解都被打上现代西方文明的烙印，因此难以看到中华文明早启的理性与抽象的现代理性主义、科学主义以及整个西方形而上学之间的深刻差异。

但这并不是说，中华文明一切都好。中华文明是不喜欢也不善于对外征逐的[③]，因此一旦遭遇某个以对外征逐为能事并且异常强大的异质文明，中华文明的好可能会成为一种“不好”。传统中国与现代西方的相遇即如此，以至于中华民族和中华文明险些面临整体灭亡的可怕命运。

与中华文明传统理解的那种饱含伦理色彩、情感意味和实

---

① 黑格尔．哲学史讲演录：第 1 卷．贺麟，王太庆，译．北京：商务印书馆，1995：119.

② “李约瑟之问”又指“李约瑟难题”，由英国学者李约瑟提出，即“尽管中国古代对人类科技发展做出了很多重要贡献，但为什么科学和工业革命没有在近代的中国发生?”1976 年，美国经济学家肯尼思·博尔丁称之为“李约瑟难题”。

③ 或许有人觉得这一论断失之简单化，问题的关键在于，怎么理解这里说的“对外征逐”。中国早期历史也充满着杀伐征战，但中华文明理解的“武德”却是“止戈”。秦汉一统之后，对外亦有大举征伐，但其本质却是不同于“对外征逐”的“防御反击”，一如当今的“积极防御”，对此不可不察。

践品格的理性有别，现代资本主义文明建立在一种科学主义、技术主义的理性基础上，这种科技理性源于现代自然科学对于世界的基本理解，逐渐演化为一种冷冰冰的、抽象计算的工具理性①。基于天人割裂、主客二分，这种现代工具理性旨在最大限度地征服和利用自然，同时也发展到不断征服和利用别的族群和社会、国家和民族。更可怕的是，西方资本主义文明基于工具理性而产生的经济、科技和军事等方面的实力优势，被等同于一种不言而喻、理所当然的“文明优势”。进而，西方中心主义的“文明等级论”也就自然而然诞生了。

无论如何，中华文明传统自身并没有生长出现代科学技术和大工业经济，最根本的在于，**由于中华文明自身的特质，其内部不可能孕育出现代资本主义文明。或许在后来的有些人看来，这是一种巨大的遗憾或缺憾，而从中华文明的悠久传统来**

---

① 可参见梁漱溟对“理性”和“理智”的区分。他早年在《中国文化要义》（完稿于1949年6月）中即提出此说，后来在“文革”期间撰写的《中国：理性之国》（完稿于1970年，晚年想修改而未果）和《人心与人生》（完稿于1975年）中又予以阐发：“理智静以观物，其所得者可云‘物理’，是夹杂一毫感情（主观好恶）不得的。理性反之，要以无私的感情为中心，即从不自欺其好恶而为判断焉；其所得者可云‘情理’。”“世俗但见人类理智之优越，辄认以为人类特征之所在。而不知理性为体，理智为用，体者本也，用者末也；固未若以理性为人类特征之得当。”（梁漱溟．梁漱溟文集：第3卷．济南：山东人民出版社，2005：614，618）梁漱溟还颇富洞见地提出：“说社会主义出自人类理性，即是浑合说。若加以分别，空想的社会主义多从主观情感出发，科学的社会主义乃有见于其客观形势发展的必然性，更从物理来充实它。现代社会主义固是情理物理兼备相合一致的。”（梁漱溟．梁漱溟文集：第4卷．济南：山东人民出版社，2005：366－367）

看，这只是“求仁得仁”的必然。与此同时，中华文明也必须为这一必然付出代价，那就是在遭遇全然异质的现代资本主义文明的入侵之后，它出现了一种带有整体性的文明危机，并引发了全方位的解体和重构。

历史上，中华文明也曾经受过别的文明的渗透，最典型的比如来自南亚的佛教文明，但那更多只是在精神领域，而且最终也予以消化吸收，化为中华文明的有机组成部分。近代以降，中华文明遭遇的现代资本主义文明却是一个极为强势的总体性文明，涵盖器物、技术、制度、文化等各层面，因此它对于中华文明构成的挑战也是空前严峻的。中华文明别无选择，只有正面应对，积极努力地在向西方学习的过程中予以消化吸收，以实现自身的再造。

“文明”与“野蛮”相对。在中华文明的视野中，“野蛮”在根本上是指一种没有经过人文教化的状态，并且如果出现衰败或堕落，“文明”也可以转化为“野蛮”；相应的，如果具备了人文教化的修养，“野蛮”也可以转化为“文明”。在这里，区分文明和野蛮的标准只是看一个人或一个社会所具有的修养水平，并不指向任何特定的群体或地域。实际上，人类古代社会所理解的文明多跟这个社会共同的生存和发展所需要的人文修养有关系，虽然修养的内容会有所差异，但都会包含一些值得称道的社会性的伦理品质。

西方从中世纪发展到现代，一开始对文明的理解也与此相关，具体来讲，它与一些社会性的礼仪有关，表现为新的社会生活习惯的形塑。德国著名社会学家埃利亚斯指出："'有教养的'一词与西方的文明概念非常接近。从某种程度上说，它是文明的最高形式，即便是在'文化上''一无所成'的人和家庭也可以是'有教养的'。与'文明'一词相同，'有教养'首先是指人的行为和举止，指人的社会状况，他们的起居、交际、语言、衣着等等。"① 不过，我们也都知道，西方资本主义文明在完成工业革命走向对外扩张的时候，逐渐趋向于把自身发展的既有成果作为文明的标准，"文明"表现了殖民主义、帝国主义的倾向，而非其族类的广大亚非拉社会被视为"野蛮"或"半文明半野蛮"。

中华文明就被认为属于"半文明半野蛮"的行列。按照西方列强的自我理解，现代文明的标准包括了科学技术、工业化、城市化、商业贸易、民主政治、基督教信仰……，仍处在农业文明时代、建立在小农经济基础上的中华文明自然不符合这种标准。关键在于，中华文明被打败了，即便西方资本主义列强好像野蛮的"海上匈奴"，但它们已经掌握了"文明"的标准，并用它们的标准来支配世界、评判他者。因此，晚清以来，中华民族的仁人志士一直都在不屈不挠地探索自强之路，

---

① 埃利亚斯．文明的进程．王佩莉，袁志英，译．上海：上海译文出版社，2013：2.

并且也在不断地重塑自己对文明的理解。面对气势汹汹的现代资本主义文明，原来那种以伦理为中心、道德主义的文明观似乎已变得不合时宜了。中华文明要想不被从此保藏在博物馆里作为玩赏的对象，就必须开启一场文明的革命。

我们做到了。**马克思列宁主义进入中国，与中华民族的先进分子相结合，诞生了中国共产党。对于中华文明而言，这是一种选择，也是一种命运。这种选择和命运意味着，中华文明的自新乃是基于自身与马克思列宁主义所代表的科学社会主义的交融。**

习近平指出："马克思主义传入中国后，科学社会主义的主张受到中国人民热烈欢迎，并最终扎根中国大地、开花结果，决不是偶然的，而是同我国传承了几千年的优秀历史文化和广大人民日用而不觉的价值观念融通的。"① 中华文明自身即蕴含着朴素而浓厚的社会主义理念，这是中华文明能够接纳和吸收源于西方的科学社会主义的思想基础。不过，中华文明内蕴的社会主义基因毕竟是传统的，马克思、恩格斯开创的科学社会主义则是一种崭新的、现代的社会主义。它产生于现代资本主义文明的母体之中，是从中分娩出的极具叛逆性、革命性的新生儿。它的使命就是在批判现代资本主义文明的基础上超越现代资本主义文明，使人类进于一种更加理想、更加可欲

---

① 习近平．习近平谈治国理政：第3卷．北京：外文出版社，2020：120.

的新型文明。但这里所说的“理想”，绝然不同于人类社会过去常有的对未来的美好想象甚至是幻想，也不同于纯粹的形而上学的理性设计，而是基于现实的社会运动和社会发展。实质上，现代社会主义所具有的“现实性”，一种不断运动和发展的“现实性”，也就是它的“科学性”。

中华文明以现代社会主义的逻辑来统摄自身的发展。这意味着，中华文明将不再总是向后看，把恢复和重建“三代之治”，尤其是“周礼”作为自己的文明理想，而是开始向前看，朝着一种未来新型社会和新型文明去不断发展。这必然会促使数千年传统的中华文明形态发生翻天覆地的变革。这就是中华文明的新生。需要强调的是，新生是一个自我革命的过程，也是一个自我肯定的状态。经历过革命、建设和改革的不同时期，中华文明最终以中国特色社会主义的文明形态表现自身。当然，中国特色社会主义作为中华文明与现代社会主义交融的产物，不仅意味着中华文明的新生，同时也意味着现代社会主义的新生。

现代社会主义的新生

现代社会主义诞生在西欧的土壤，是现代资本主义社会孕育的“叛逆之子”，这也就意味着，现代社会主义的产生离不开资本主义现代性这一历史前提。因此，**中华文明把现代社会主义融入自身，包含着看似矛盾的两个方面：一方面，中华文明必须积极吸纳作为现代社会主义之前提的一切“现代文明”，很大程度上也就是现代资本主义所创造的一切合理的东西；另一方面，更关键的，中华文明还要借助现代社会主义对于现代资本主义的“超克”而能动地创造一种新型的、更好的现代文明。这就是历史发展的辩证法，也是文明革新的辩证法。**

问题在于，经典作家所论述的从资本主义社会向社会主义社会的演变，实质上是西欧资本主义社会的内在超越，而在缺乏资本主义土壤乃至基因的其他社会，比如中国，究竟应该如何经由“拿来主义”来人为构建一种并非自生自发的未来文明，实现对资本主义的超越，却是未知之事。这正是马克思所说的如何跨越“卡夫丁峡谷”的问题[①]。

对于中华文明而言，这一问题的实质在于，中华文明经由与现代社会主义的交融而获得的新生，不仅是现代社会主义对中华文明的重新形塑，而且也是中华文明对现代社会主义的重

① 1881年，马克思在给俄国女革命者查苏利奇的复信草稿中认为，在经济文化落后的俄国，农村公社“可以不通过资本主义制度的卡夫丁峡谷，而吸取资本主义制度所取得的一切积极成果”（马克思，恩格斯．马克思恩格斯全集：第25卷．2版．北京：人民出版社，2001：479）。“在这里，‘通过卡夫丁峡谷’是一个历史典故，包含屈辱之谷的意思。马克思所说的‘不通过资本主义制度的卡夫丁峡谷’，意指不遭受资本主义制度造成的苦难。”（本书编写组．社会主义发展简史．北京：人民出版社，2021：67）

新发明。换言之，**中华文明的现代新生，并非按照现代社会主义的抽象原则进行生硬的单向自我改造的结果，而是在现代社会主义的一般原理与自身具体实际相结合过程中对现代社会主义和自身的双重改造，实际上，也就是在中华文明与现代社会主义的双向互动中进行的融合创新。**

在此过程中，中华文明绝不是作为一个被动受纳的纯粹客体而存在，它保持着高度的主体性，只不过这种主体性不是现代西方哲学所设想的那种基于主客二分、流于封闭自我的形而上学“主体”，而是作为一种学习型文明所固有的“日新之谓盛德”（《易经·系辞上》）。很大程度上，也正是因为中华文明有这种积极能动、刚健有为又虚怀若谷、涵容吐纳的优良品质，它才可能为现代社会主义以及人类社会发展“开生面”①。

无论是作为一种理念，还是作为一种实践，乃至作为一种制度，社会主义都有很漫长的历史。但从整个社会主义发展史来看，现代社会主义本身仍是个新东西。社会主义作为一种古老的思想，实质上根植于人类作为“群”的本性，尤其是人类只有通过相互合作才能过上更好的共同体生活这一历史真理，也说明了社会主义的合理性。但在现代之前，人类的社会主义倾向更多的只是出于血缘或地缘，而且人本身就是先天地属于

① 王船山曾言“六经责我开生面”，中华文明对于人类社会发展亦应有如此担当。

某种血缘或地缘的，所谓的“个人”或“个体”——一种现代发明——作为一种普遍现象还没有出现。只有到了现代社会，也就是现代资本主义所需要并不断催生和强化的大工业社会，一种真正基于“业缘”也就是社会化大生产的现代社会主义才有可能。而且，从事社会化大生产的“个人”也被从传统的血缘或地缘共同体中抛出，日益沦为普遍抽象的原子化个体，被称为“生产者”、“市民”或“公民”。

现代社会主义实际上是要在现代资本主义所造成的个人主义荒原和利己主义废墟上重新激发人的社会性，实现一种“自由联合”。当然，一切问题的根源是生产资料的私人占有制与社会化大生产之间不可调和的矛盾。所以，人的社会性不是一种空洞抽象的内在倾向，而是意味着经济社会生活中实实在在的“公共性”，它指向一种基于生产资料社会所有制的新型共同体生活。马克思主义对于推动社会主义从空想（乌托邦）走向科学做出的重大贡献很大程度上就在于，它通过唯物史观和剩余价值论发现了现代社会主义的现实基础。根据马克思主义，一个旧的社会形态在它所得以产生的现实经济社会条件消失之前是不会自动退出历史舞台的，同样，一个新的社会形态在它所得以产生的现实经济社会条件出现之前也是不会自动登上历史舞台的。

那么，如何摆脱现代资本主义社会“人为物役”的异化牢笼，结束人类历史上最后一个充满阶级压迫和阶级统治的社会形态，开启驶向“自由人联合体”未来彼岸的新航程呢？我们知道，资产阶级领导的法国大革命在结束旧世界时引发的革命与反动、激进与保守的较量异常激烈，无产阶级政党领导的俄国十月革命在结束旧世界时引发的革命与反动、激进与保守的较量要更加激烈。历史的进程，是特定舞台上各种力量较量最终导致的结果，是必然与偶然的辩证统一，因此总是充满复杂性与曲折性。马克思主义所探明的人类社会发展的一般规律，在具有不同历史、文化、经济、社会条件的不同国家或文明体中展现出迥然不同的面目。社会主义革命是如此，社会主义建设也是如此。

就像西欧北美资本主义国家的实际使其并未走上社会主义革命道路，并使其各自的资本主义发展道路表现出不同的样子，俄国、中国等经济文化落后国家的实际使其走上社会主义革命道路，并在建设社会主义的过程中也会走出不同的发展道路。我们认为，这背后起决定性作用的“实际”，就是由政治、文化、经济、社会以及环境、技术等各种因素综合作用形塑而成的特定文明形态。但这并不意味着某种把文明简化为单一精神因素甚至宗教因素的“文明决定论”（比如汤因比），更不意味着走向某种完全与我们大异其趣的“文明冲突论”（比如亨廷顿）。

基于此，我们认为，**中国特色社会主义之所以“好”，之所以能够开创出一条既不同于西方资本主义又不同于传统社会**

主义的新型现代社会主义的现代化发展道路，最直接地与中华文明这一特定的文明形态有莫大关系。当马克思主义的科学社会主义进入中国，势必会在中国内部促使生成一种新的现代性，但同时这种现代社会主义在中国社会的生命力究竟有多大，完全取决于它与中国的实际——尤其是中国特有的文明形态——融合的程度，而在此过程中，中华文明作为一种拥有数千年深厚积淀、具有广大包容性和真正普遍性的独特文明，必然会反过来对现代社会主义的中国形态产生重大影响，从而发创一种同时具有中华文明特质和普遍历史意义的新型现代社会主义文明。

可以说，中国特色社会主义已初步成为这样的一种“人类文明新形态”。我们将从**“文明特质”“文明自信”“文明战略”**三个方面对其展开论述。这样的工作无疑需要一定的开创气魄，笔者不能确定自己的初步探索是否能引发足够多的共鸣，引起更深入的探讨，但相信这一工作是值得有识之士付出心血和才智的。

文明特质篇

2013 年 3 月 17 日，习近平在第十二届全国人民代表大会第一次会议上指出："中华民族是具有非凡创造力的民族，我们创造了伟大的中华文明，我们也能够继续拓展和走好适合中国国情的发展道路。"① 言下之意，中华民族之所以能够开创并走好中国特色社会主义道路，是与中华民族创造了伟大的中华文明分不开的。2019 年 5 月 14 日，习近平在同希腊总统帕夫洛普洛斯会谈时更是直接强调，"中国今天所走的中国特色社会主义道路，是与五千年中华文明分不开的"②。

可以说，中国特色社会主义的文明特质，很大程度上是与中华文明的文明特质分不开的。同时，中国特色社会主义的文明特质自然也是汇融了马克思主义文明特质的结果。在中华文

① 习近平．习近平谈治国理政．北京：外文出版社，2014：40.

② 习近平同希腊总统帕夫洛普洛斯举行会谈．（2019 - 05 - 14）[2020 - 12 - 26]. http：//www. xinhuanet. com/politics/leaders/2019 - 05/14/c_1124493702. htm.

明与马克思主义交融于现当代中国的过程中，中华文明与马克思主义相互影响、相互塑造。因此，中国特色社会主义的文明特质源于马克思主义中国化，也就是以中国实际和中华文明化马克思主义，在此过程中，中华文明也因消化吸收马克思主义而获得了新的内涵与生机。

中国特色社会主义的文明特质可初步概括为以下五个方面：实事求是，体用不二，顺时守中，重民尚德，和合共生。

第一章

实事求是

实事求是，是中国共产党的思想路线，“是中国共产党认识世界、改造世界的根本要求，是我们党的基本思想方法、工作方法、领导方法”①，实质上反映的是马克思主义的认识论和真理观。它在毛泽东思想的活的灵魂三个基本方面中列首位，中国共产党的最高学府中共中央党校（国家行政学院）也把它立为校训。中国特色社会主义的开创，很大程度上也正是由关于真理标准问题的讨论开启，由此实事求是成为中国特色社会主义最为鲜明的文明特质。

无疑，这一文明特质具有深厚的历史传承和理论渊源。作

① 习近平．论中国共产党历史．北京：中央文献出版社，2021：59.

为中华文明与现代社会主义的交融产物，中国特色社会主义内在固有的实事求是文明特质，实际上也是由中华文明的实事求是优良传统与马克思主义的认识论和真理观融合而成的。

中华文明的“实事求是”传统

众所周知，实事求是之所以在中国共产党的政治思想体系中具有如此重要的位置，主要源于毛泽东的贡献。而在他有迹可循的著作中，虽然毛泽东提出实事求是的概念已在抗日战争时期，但一般公认的是，毛泽东早年在湖南长沙求学期间，就受到湖湘学派学风的浸润和影响，尤其是岳麓书院作为湖湘文化的重镇，本就以“实事求是”为校训，而“实事求是”在中华文明传统中亦是其来有自。

据考证，“实事求是”这个词语最早见于班固《汉书·景十三王传》，班固赞扬汉景帝刘启的儿子刘德“修学好古，实事求是”。也就是说，刘德爱好古代文化，对古代文化的研究十分认真，总是在掌握充分的事实根据以后，才从中求得正确可靠的结论。可见，“实事求是”最初主要指研究历史文献的考证方法，然后才演变为一种值得推崇的治学态度。以现代观念言之，这种治学态度或许可以说是“科学”的，然而如果细思之不难发觉，“实事”在中华文明传统中具有的深意大大不同于现代实证主义科学所谓的“事实”。

“实事求是”应该渊源于中华文明无比深厚的史官文化。班固曾言：“古之王者世有史官，君举必书，所以慎言行，昭法式也。左史记言，右史记事，事为《春秋》，言为《尚书》，帝王靡不同之。”（《汉书·艺文志》）故而，“实事”最初应该是关于“王者”之行迹的实录，进而扩展到关于重大政事的记载，其中蕴含着作为“王道”或“为君之道”的“法式”。正是在这个意义上，后来明代大学者章学诚在《文史通义·易教上》中明确指出：“六经皆史也。古人不著书，古人未尝离事而言理，六经皆先王之政典也。”① 此中“未尝离事而言理”是问题关键。经即史，反过来讲，史即经，变易的“实事”中便有不易的“定理”。

商周以来，史官制度不断发展，逐步完备，一直流传，以至于数千年中，史官文化一直占据统治主导地位，甚至被等同于中华传统文化的代名词。著名历史学家范文澜指出：“殷周两代用竹简（竹制片子）写字，史官就是拿竹简记事的人。周朝有记言记事的史官，国君和贵族们的说话做事以及发布典章

---

① 章学诚．文史通义校注．叶瑛，校注．北京：中华书局，1985：1.“六经皆史”之说，此前《文中子·王道篇》、郝经《陵川集》、王守仁《传习录》已有论述。李贽在《焚书·读史·经史相为表里》里亦言：“经史一物也。……故《春秋》一经，春秋一时之史也。《诗经》《书经》，二帝三王以来之史也。而《易经》则又示人以经之所自出，史之所从来，为道屡迁，变易匪常，不可以一定执也。故谓六经皆史可也。”

制度都写下来，子孙世代相传，成为专门的学问。春秋时代，史官的学问逐渐流传到民间，孔子从各方面学习专门知识，再加整理选择的功夫，订定所谓‘六经’，教授弟子们。从此儒家得到‘继往开来’的地位，传统的中国文化和儒家发生不可分离的联系。”① 中华文明之所以能够成为世界上唯一不曾中断过的古老文明，无疑与中华民族拥有发达的史官文化、保留完整的历史记录有直接关系。所谓“史官文化”，简单讲，就是由史官所记载、推广联系上下历史的文化。史官文化的一个显著特征就是“重人事，轻鬼神”，并且强调通过推广联系上下历史来获取实践智慧，以起到“资治通鉴”的效用。与此相应，史官文化便极为崇尚秉笔直书、如实写照、不偏不倚的“董狐笔”，只是它所视为神圣的历史真实性，最根本的乃是道德伦理上的“善善恶恶，贤贤贱不肖”(《史记·太史公自序》)，而非简单的有关事实有无或真假的陈述。

这就是中华文明原初的“实事求是”传统。毛泽东有所承续的湖湘文化精神也正浸淫在这一传统中，岳麓书院崇奉的教育理念尤为突出。南宋与朱熹齐名的大学者张栻，在所撰《潭州重修岳麓书院记》中指出，书院教育之目的非“使子群居佚谈”“为决科利禄计”，亦非“使子习为言语文辞之工”，“盖欲成就人才，以传道而济斯民也”。书院士子为学必“求仁”，须

---

① 范文澜．中国通史简编：上．北京：商务印书馆，2017：99.

从应物处事的实际生活中“默识而存之，扩充而达之”[1]。这些思想奠定了岳麓书院的办学方针，传达出湖湘文化崇本务实、经世致用的精神。明末清初大思想家王夫之曾求学岳麓书院，进一步形塑了湖湘学统中“济世救民”的脉络。近代湖湘得风气之先，一大批践行湖湘文化精神和经世致用学风的重要人物，更是使其发扬光大，对中国近现代史产生很大影响。其中最为光辉卓著者，自然是毛泽东对“实事求是”的重新发明。

对“实事求是”的重新发明

1941 年 5 月 19 日，毛泽东在延安干部会上做《改造我们的学习》报告时，第一次解答了什么是“实事求是”。他的经典阐述是：“‘实事’就是客观存在着的一切事物，‘是’就是客观事物的内部联系，即规律性，‘求’就是我们去研究。”[2]在此我们可以看到，**毛泽东借助马克思主义的认识论对中华文明的“实事求是”传统进行了改造，但同时他之所以提出“实事求是”，恰恰是为了防止把马克思主义当作静止的绝对真理，而把马克思主义与中国的具体实际相结合，这又正是对中华文**

① 张栻．张栻集．长沙：岳麓书社，2010：571.

② 毛泽东．毛泽东选集：第 3 卷．2 版．北京：人民出版社，1991：801.

明的“实事求是”传统的最好继承。

西方文明对于真理的理解构成了一个源远流长的形而上学传统。“文明以止”的中华文明传统，是“未尝离事而言理”，但自古希腊始的西方大哲们倾向于把人类理性划分为“理论理性”和“实践理性”，在他们看来，认识真理应该是人们使用理论理性对于永恒不变事物的认识，因此把“静观的生活”和“行动的生活”区别开来。当然，西方形而上学传统内部也是很复杂的，并不能一概而论，但总的来讲，以上倾向还是很显著的。发展到近代哲学尤其是康德哲学，“纯粹理性”使这种倾向达到极致，根深蒂固的二元论导致感性和理性、行动和认知、历史和自然之间的鸿沟难以跨越。自诩终结了哲学的黑格尔，也是用“绝对精神”拥抱“绝对真理”，前门扫出的形而上学幽灵又从后门溜了进来。

马克思主义的认识论和真理观是对西方形而上学传统的巨大颠覆。它使认识真理的源泉回归到人们的现实活动，并且更重要的是，马克思提出了一个令人震撼的论断：“哲学家们只是用不同的方式解释世界，问题在于改变世界。”[①] 这一鲜明的实践观点为马克思主义真理观的发展提供了基本的立足点，也成为唯物史观的首要基本观点。中国共产党在自己的奋斗历

---

① 马克思，恩格斯．马克思恩格斯文集：第 1 卷．北京：人民出版社，2009：502.

程中，总结正反两方面的经验和教训，吸收接纳了这种基于实践的认识论和真理观，并且还以毛泽东的《实践论》为代表，使其得到进一步发展。

毛泽东的世界观开始发生转变，实际上是在新文化运动、五四运动的洗礼之后。他自觉运用马克思主义立场、观点和方法研究中国社会实际，深刻地看到“认清中国的国情，乃是认清一切革命问题的基本的根据”①。他很注重理论与实践的结合，特别是注重对国情民意的调查研究。在《反对本本主义》这篇文章中他提出了“没有调查，没有发言权”“中国革命斗争的胜利要靠中国同志了解中国情况”② 等著名论断，实事求是的思想已经跃然纸上。随后他又撰写了《实践论》《矛盾论》，创造性地发展了马克思主义认识论和方法论，使中国共产党的真理观日臻成熟。正是在此基础上，毛泽东于 1938 年 10 月 14 日在中国共产党第六届中央委员会扩大的第六次全体会议上明确提出：“共产党员应是实事求是的模范，又是具有远见卓识的模范。因为只有实事求是，才能完成确定的任务；只有远见卓识，才能不失前进的方向。”③ 他指出要“使马克思主义在中国具体化”④。

---

① 毛泽东．毛泽东选集：第 2 卷．2 版．北京：人民出版社，1991：633.
② 毛泽东．毛泽东选集：第 1 卷．2 版．北京：人民出版社，1991：109，115.
③ 同①522 - 523.
④ 同①534.

我们知道，毛泽东首先是一位革命家、政治家，他不是为了写作而写作，而是为了解答革命斗争实际中面临的重大问题而写作。那么，提出“实事求是”到底是针对什么问题呢？最直接的就是中国共产党内存在过的两种严重错误倾向，即教条主义和主观主义。早在1930年1月写作的《星星之火，可以燎原》中，他就通过系统总结井冈山斗争的经验，对八七会议以来党内一直存在的“左”倾教条主义和悲观主义以及形式（本本）主义进行了深刻批判。而在1940年1月写作的《新民主主义论》中，他指出：“科学的态度是‘实事求是’，‘自以为是’和‘好为人师’那样狂妄的态度是决不能解决问题的。”① 进而言之，这两种错误倾向的背后反映的更为实质的问题是，以马克思主义为根本指导思想的中国共产党，应该如何正确对待马克思主义？

按照马克思主义基于实践的真理观，真理只能是相对的而非绝对的，会随着具体历史条件的变化而发生变化。那么，把这一论断应用到马克思主义本身又会如何呢？结论只能是，**马克思主义并没有穷尽真理，它只是引领我们通向真理的道路，指导我们认识真理的工具和方法。这才是真正以马克思主义的态度对待马克思主义。**相反，任何把马克思主义教条化、教义化的做法都是不正确的，任何认为只有自己才充分理解和掌握

① 毛泽东．毛泽东选集：第2卷．2版．北京：人民出版社，1991：662－663．

了马克思主义的绝对真理并据此评判一切的想法都是要不得的。

1945年，毛泽东在中共七大上所作的口头政治报告中指出："我们历史上的马克思主义有很多种，有香的马克思主义，有臭的马克思主义，有活的马克思主义，有死的马克思主义，把这些马克思主义堆在一起就多得很。我们所要的是香的马克思主义，不是臭的马克思主义；是活的马克思主义，不是死的马克思主义。"① 他强调："要有目的地去研究马克思列宁主义的理论，要使马克思列宁主义的理论和中国革命的实际运动结合起来，是为着解决中国革命的理论问题和策略问题而去从它找立场，找观点，找方法的。这种态度，就是有的放矢的态度。……这种态度，就是实事求是的态度。"②

可见，**毛泽东对"实事求是"的论述主要就是为了解决马克思主义中国化问题。一方面，由于马克思主义先进理论的引入，中华文明传统中源于史官文化的"实事求是"受到了改造，这体现在"实事"意涵发生的重大变化上，它不再专指关于历史人物特别是帝王将相行迹的历史记载，而是指向作为人类实践对象的客观世界的一切事物，突出的是人类通过反复不断的"实践—认识—再实践—再认识"来接近真理；另一方**

① 毛泽东．毛泽东文集：第3卷．北京：人民出版社，1996：331-332.

② 毛泽东．毛泽东选集：第3卷．2版．北京：人民出版社，1991：801.

面，对于马克思主义必须与中国具体实际相结合的强调，也体现了中国共产党的“实事求是”思想路线继承了中华文明“实事求是”传统对经世致用、经邦济民的实践理性和实践智慧的崇奉。换言之，主张马克思主义中国化的“实事求是”思想路线，本身就是马克思主义中国化的一个重大成果，它因为融合了中华文明的“实事求是”传统而具有更为鲜活丰富的内涵。

“初级阶段”论的伟大创造

“实事求是”思想路线不仅推动了马克思主义中国化的创新发展，而且推动了中华民族总体上的解放和发展。毛泽东思想是马克思主义中国化第一次历史性飞跃的理论成果，但这一革命性的思想也未能避免一度被教条化对待的命运，所以在“文革”结束后不久，一个与当年提出的如何正确对待马克思主义这一问题类似的问题也被提出了，即如何正确对待毛泽东思想？答案是，就像要以马克思主义的正确态度对待马克思主义一样，也要以毛泽东思想的正确态度对待毛泽东思想，而说到底，就是要坚持实事求是，继续解放思想，不能把任何既成的思想体系教条化、教义化，只能从发展变化的“实际”出发去推动我们的工作和事业的发展。正是这种革命性的态度，使中华民族再次焕发了新的生机，重新以一种年轻状态大踏步迈向现代化和民族复兴的历史进程。

其结果就是中国特色社会主义的开创和发展。而**中国特色社会主义从初始的“摸着石头过河”式的探索不断走向成功、愈发自觉自信的一个基本原因，就在于坚定不移地坚持实事求是的思想路线，从中国的现实国情和具体实际出发来探索什么是社会主义以及如何建设社会主义。**其中至关重要的一点，就是认识到中国特色社会主义仍然处于“初级阶段”，绝不能从经典理论或教科书所论述的已经充分实现了的发达社会主义或理想社会主义出发来谋划社会主义建设，否则就会导致脱离实际的空谈、超越阶段的冒进，就会走向在忽视现实社会生产力发展的情况下片面抽象地考虑生产关系和上层建筑的变革。

在马克思、恩格斯生活的时代，社会主义建设还不是直接的实践问题。在科学分析资本主义发展规律的基础上，他们对未来社会发展阶段提出过一些原则性的设想，认为未来社会大体要经历从资本主义社会到共产主义社会的革命转变时期（或过渡时期）、共产主义社会的第一阶段、共产主义社会的高级阶段。但对后来被列宁称为“社会主义社会”的共产主义社会第一阶段，尤其是在其发展过程中将会经历哪些发展阶段，他们并没有做出进一步判断。最早提出社会主义发展阶段问题的是列宁，不过他当年主要回答了俄国怎样过渡到社会主义的问题，没有来得及具体分析社会主义制度建立以后的发展阶段问题。

1936年11月，斯大林在《关于苏联宪法草案》的报告中宣布："我们苏联社会已经做到在基本上实现了社会主义，建立了社会主义制度，即实现了马克思主义者又称为共产主义第一阶段或低级阶段的制度。这就是说，我们已经基本上实现了共产主义第一阶段，即社会主义。"[①] 实际上，斯大林时期所建立的只是初级形式的社会主义，并不是共产主义第一阶段那种意义上的社会主义。"苏联模式"内在的一个根本问题，就在于混淆了"建立"和"建成"，把仍处在不发达社会主义阶段的苏联社会主义视为已经得到充分发展的发达社会主义，进而把到了发达社会主义阶段才能真正实施的制度与政策机械、绝对地应用于不发达社会主义阶段，这势必造成理论与实践、名与实的巨大脱节，最终因现实社会主义建设中出现的种种问题而损害人们对于科学社会主义本身的信仰、信念和信心。

我国社会主义制度确立后，毛泽东曾比较正确地提出我国社会主义发展的阶段问题。1957年2月，他在《关于正确处理人民内部矛盾的问题》的讲话中，提出了"我国的社会主义制度还刚刚建立，还没有完全建成，还不完全巩固"[②] 的思想。后来，他在读苏联《政治经济学教科书》时提出，"社会主义这个阶段，又可能分为两个阶段，第一个阶段是不发达的

① 本书编写组．社会主义发展简史．北京：人民出版社，2021：111.

② 毛泽东．毛泽东文集：第7卷．北京：人民出版社，1999：214.

社会主义，第二个阶段是比较发达的社会主义。后一阶段可能比前一阶段需要更长的时间”[①]。

1981年，党的十一届六中全会通过的《关于建国以来党的若干历史问题的决议》，第一次提出“我们的社会主义制度还是处于初级的阶段”[②]，不过还没有把“初级阶段”作为建设中国特色社会主义的全局性问题加以把握。党的十三大报告把初级阶段问题提到全局高度加以论述，指出“正确认识我国社会现在所处的历史阶段，是建设有中国特色的社会主义的首要问题，是我们制定和执行正确的路线和政策的根本依据”[③]，并对社会主义初级阶段和党的基本路线进行了系统阐述。党的十五大报告进一步强调中国“现在处于并将长时期处于社会主义初级阶段”[④]，突出了社会主义初级阶段的长期性。党的十八大报告把社会主义初级阶段作为建设中国特色社会主义的“总依据”。党的十九大报告强调，“我国社会主要矛盾的变化，没有改变我们对我国社会主义所处历史阶段的判断，我国仍处于并将长期处于社会主义初级阶段的基本国情没有变，我国是

① 中华人民共和国国史学会．毛泽东读社会主义政治经济学批注和谈话：上．北京：中华人民共和国国史学会，1998：259.

② 中共中央党史研究室第一研究部，等．两个历史问题的决议及十一届三中全会以来党对历史的回顾．北京：中共党史出版社，2013：116.

③ 中共中央文献研究室．十三大以来重要文献选编：上．北京：中央文献出版社，2011：8.

④ 中共中央文献研究室．十五大以来重要文献选编：上．北京：中央文献出版社，2011：12.

世界最大发展中国家的国际地位没有变”[①]。

可以说，正是由于对社会主义初级阶段的基本国情有了一个科学认识和正确把握，中国共产党才得以领导中国人民成功探索出一条建设中国特色社会主义的新道路，形成了一整套比较成熟、比较定型的制度体系和政策体系，使社会主义在古老的东方大国显示出蓬勃生机与无穷活力，使我国社会主义现代化建设在改革开放以来短短几十年里取得了举世瞩目的伟大成就。

① 中共中央党史和文献研究院．十九大以来重要文献选编：上．北京：中央文献出版社，2019：9.

第二章

体用不二

实事求是的思想路线蕴含着中华文明对实践智慧的崇尚，以及马克思主义基于实践的认识论和真理观，使中国特色社会主义显示出极鲜明的文明特质。中国特色社会主义的另一文明特质——体用不二，很大程度上与实事求是这一文明特质紧密相关。

体用不二承接了理在事中、理事不二的传统，也反映了实践与认识的辩证法，因此在思想上真正摆脱了形而上学的窠臼，在实践上克服了教条主义和主观主义的桎梏。落脚到对什么是社会主义以及如何建设社会主义的探索，就是**从来不脱离如何在现实条件下建设社会主义而抽象地空谈什么是社会主义，就是对社会主义崇高理想的追求总是要落实到通过中国特色社会主义的成功实践来证成社会主义的优越性。**

“用即是体”

“体”“用”皆为中国传统用语，与这对范畴相当的是“本”“用”。早在《论语》中，就有关于“礼之本”与“礼之用”的讨论。比如：“林放问礼之本。子曰：大哉问！礼，与其奢也，宁俭；丧，与其易也，宁戚。”“有子曰：礼之用，和为贵。”在这里，“本”大概意味着“根本”“基本”“本质”，“用”则指向“运用”“功用”“效用”。只不过，这里并未把“本”“用”相连，而是分别论之。司马迁之父司马谈在《论六家要旨》中论及道家宗旨时说：“其术以虚无为本，以因循为用。”（《史记·太史公自序》）此处“本”“用”并举，使二者关系无比紧密，概言之，“本”是“用”的根据，“用”是“本”的发挥。

《易经·系辞》中已有“体”“用”二词，不过亦未相连。《系辞上》有言：“显诸仁，藏诸用。”《系辞下》有言：“阴阳合德，而刚柔有体。”后世体用观可在此找到最初根源。首先把“体”“用”相连并阐述了“体用不二”思想的，是魏晋时期的王弼。他在《老子注·第三十八章》中说：“虽德盛业大，富有万物，犹各得其德。虽贵，以无为用，不能舍无以为体也。”[①]

① 王弼．老子道德经注校释．楼宇烈，校释．北京：中华书局，2008：94.

在这里，“无”（道）是天地万物的根据，天地万物是“无”（道）的表现。圣人之盛德大业，一方面要发挥“无”（道）的作用，另一方面又必须仰仗“无”（道）作为其基本根据。东晋韩康伯在注《易经》时有类似的论说：“圣人虽体道以为用，未能舍无以为体，故顺通天下，则有经营之迹也。”① 这里无意对中国传统思想中的体用观进行详细思辨，总的来讲，中国传统思想未尝离“用”而言“体”，也未尝舍“体”而言“用”。

需要强调的是，中国传统思想中所说的“本体”（宋明理学使用最多）与西方哲学概念“本体论”（ontology）之“本体”（本原、存在、是），有很大差异。就后者而言，从古希腊哲学开始，**基于本体与现象、先验与经验或存在与存在者之割裂的二元论**就一直占主导地位，到近代西方康德哲学那里达到了顶峰。而在近代西学东渐且不断挤压中国传统思想空间的情况下，也有先贤大哲试图力挽狂澜，通过阐明中国传统思想之特质来发扬中华民族之精神。熊十力先生积极阐发的“体用不二”论即为其中卓越代表。

熊十力在《体用论》（1958年）中指出：“体者，宇宙本体之省称。（本体，亦云实体。）用者，则是实体变成功用。（实体是变动不居、生生不竭，即从其变动与生生，而说为实

---

① 王弼．周易注．楼宇烈，校释．北京：中华书局，2011：346.

体之功用。)”[①]“功用”与“现象”大致相当，“从其变动不居而言，则名功用；从其变动不居，宛然有相状昭著而言，则名现象”[②]。但熊十力不喜言“现象”而言“用”，因为“现象”一词较易被理解为固定的物事，“功用”一词则较活泼。“用者，作用或功用之谓。这种作用或功用本身只是一种动势，而不是具有实在性或固定性的东西。”[③]“体”，宇宙本体，亦即“用”的本体，“体”是举其自身全现为分殊的大用，不是超脱于“用”之外而独存的东西。“实体自起变动，而成为大用”，因此，“不可向大用流行之外，别求实体”[④]。实体即此流行者，故曰体用不二；只能说实体“成为”大用，不可言实体“产生”大用。宇宙万象，即是实体之生生与变动。“用即是体，非用别成一物，与体对待，若亲与子，非一身也。”[⑤]体与用既有分而终不二，虽不二而究有分，即现象而见本体，此现象即本体自身所发之大用。

以此“体用不二”论来看中国特色社会主义的实事求是文明特质，可谓即事明理、即用显体。中国共产党之所以能够在“文革”结束后很快重新回到实事求是的思想路线，无疑与其所处身的这一伟大思想传统有关，而这又赋予中国特色社会主

① 熊十力．熊十力全集：第7卷．武汉：湖北教育出版社，2001：35-36.
② 同①99.
③ 熊十力．熊十力全集：第3卷．武汉：湖北教育出版社，2001：151.
④ 同①36.
⑤ 同③274.

义同样鲜明的体用不二文明特质。就具体理论而言，如果说最能反映中国特色社会主义实事求是文明特质的是社会主义初级阶段论，那么最能反映中国特色社会主义体用不二文明特质的当是社会主义本质论。

“不断改变现存状况的现实运动”

言及“本质”，很容易让人想起古希腊哲人苏格拉底对“什么是……”的穷根究底。那种想要探求一事物之所以为一事物的基本依据的倾向，就是对这一事物的“本体”或“本质”的叩问。但是，万事万物的本质是否能够脱离万事万物本身而存在？或者说，是否能够脱离万事万物本身的自然存在而别求其本质？从体用不二的中华文明立场来看，答案显然是否定的。在中华文明的思想体系中，老子充满神秘主义和怀疑主义的天问可以通向孔子的“道德论”，而在西方文明的思想体系中，苏格拉底对世俗生活根基的究诘则通向了柏拉图的“灵魂论”或“理念论”。桌子就是桌子，不能离开具体的桌子而抽象地谈论桌子的概念。那种从桌子的“实体”中硬生生分离出一个桌子的“理念”并将其实体化的做法，将导向一种观念化或概念化的生存。而它，正是一切形而上学的渊薮。

理解了这一点，我们就能明白，西方文明自柏拉图《理想国》以来的“乌托邦”传统，基本上是对于“理想社会”（往往被称为共产主义）的形而上学建构。即便采用了不那么武断的对话或戏剧的形式，使其因运用苏格拉底式的辩证法（穷根究底的问答）而不同于后世充满自负的理性主义的专断，但这种建构仍然显示出浓厚的观念论色彩，即从一个概念化的“理想社会”出发来反衬现实的不完美，而非从不完美的现实出发来寻求现实的改造和进步。把西方文明的“乌托邦”传统解释为通过喜剧式的反讽来实现对完美主义冲动的消解，实际上仍是出于一种理念人的自我辩护，而且很容易导向一种对待现实世界的犬儒主义自私冷漠态度。归根结底，**对于“理想社会”的探求，不能舍“用”而言“体”，不能沦为一种逻各斯的游戏，不能以讽刺现实始、离弃现实终，而应以融入现实始、改善现实终。**

那么，什么是社会主义呢？社会主义与对一种优良的共同体生活的追求有关，实际上就是一种基于社会或共同体本位而对“理想社会”或“美好社会”的趋向。比较一下中西两种不同文明传统的古典社会主义，内中差异很明显。柏拉图《理想国》在言辞中建构的“理想社会”固然包括了“共产共妻”，但其更根本的基石，也是更本质的特征，却是基于“高贵谎言”（人生下来便各有金银铜铁不同成分，即天生不平等）的人性/德性等级论。这种看似符合现实情况的论说，实际上只是一种抽象的形而上学人性论，即不相信人性改善的可能性。

它与后世西方近代的启蒙理性主义相信人性改善的无限可能恰成两个相对的极端。而中华文明的古典社会主义，正如《礼记·礼运》所表述的“不独亲其亲，不独子其子”，它仍是基于现实中“差序格局”伦理秩序的人性养成和社会发展，是从现实出发对现实的提升，也就是既不把人性看得那么高，也不把人性看得那么低。这就是一种带有伦理情感、即用见体的实践理性的结果。

近代西方的“乌托邦”传统被贬为“空想社会主义”，主要还是因为它从抽象的理性主义出发来论述社会的改造，这就使其难以摆脱形而上学的圈套，在理想（理性）和现实（非理性）之间隔着一道难以跨越的鸿沟。恩格斯所说的社会主义从空想（乌托邦）到科学的发展之所以可能，也就是科学社会主义之所以能够确立，正是因为它是在现实社会的基础上建立起真理的大厦，即“现代社会主义，就其内容来说，首先是对现代社会中普遍存在的有财产者和无财产者之间、资本家和雇佣工人之间的阶级对立以及生产中普遍存在的无政府状态这两个方面进行考察的结果”①。所谓的“两个必然”（资本主义必然灭亡、社会主义必然胜利），既不是来自超验天启的呓语，也不是源于先验理性的神话，而只是建立在对资本主义社会现实

① 马克思，恩格斯．马克思恩格斯文集：第3卷．北京：人民出版社，2009：523.

的经验分析基础上。1867年，马克思在《资本论》序言中说："我要在本书研究的，是资本主义生产方式以及和它相适应的生产关系和交换关系"，"最终目的就是揭示现代社会的经济运动规律"[①]。在"运动"中发现规律，就是即用见体。

因此，严格意义上讲，不应该把科学社会主义本质化。本质化的理论诉求往往源于形而上学的冲动。正如马克思笔下的现代资本主义是一场"运动"一样，现代社会主义同样也是一场"运动"。习近平在《在纪念马克思诞辰200周年大会上的讲话》中指出："马克思坚信历史潮流奔腾向前，只要人民成为自己的主人、社会的主人、人类社会发展的主人，共产主义理想就一定能够在不断改变现存状况的现实运动中一步一步实现。"[②] **如果说社会主义有什么本质，那它就是"不断改变现存状况的现实运动"。**当我们谈论社会主义的本质时，如果撇开了这种"作为运动的本质"论，那就很可能会导向一种"脱离运动的本质"论，也就是一种"脱离现实的本质"论，那么在理论上就是错误的，在实践上则是有害的。针对一些对"社会主义"的误解，恩格斯晚年就郑重指出过："我认为，所谓'社会主义社会'不是一种一成不变的东西，而应当和任何其

① 马克思，恩格斯．马克思恩格斯文集：第5卷．北京：人民出版社，2009：8，10.

② 中共中央党史和文献研究院．十九大以来重要文献选编：上．北京：中央文献出版社，2019：428.

他社会制度一样，把它看成是经常变化和改革的社会。”[①] 可以说，当且仅当从“运动”来理解“本质”时，谈论科学社会主义的本质才有意义。

紧接着的问题是，如何理解“运动”？这就离不开对于社会基本矛盾的理解。历史唯物主义告诉我们，在社会主义社会中，基本的矛盾仍然是生产关系和生产力之间的矛盾、上层建筑和经济基础之间的矛盾。这两对基本矛盾存在于一切社会形态之中，规定社会的性质和基本结构，贯穿人类社会发展的始终，推动着人类社会由低级向高级发展。换言之，一个社会之所以会处于不断“运动”的状态，基本动力来自生产关系和生产力、上层建筑和经济基础之间的矛盾。还需要强调的是，在这两对基本矛盾中，生产力是最终具有决定性意义的因素，决不能撇开社会生产力的发展而孤立地谈论生产关系和上层建筑的“运动”。

在这方面，我们是犯过错误、栽过跟头的。与其说我们曾误解了社会主义的本质，不如说我们曲解了“运动”。固然，生产关系对于生产力、上层建筑对于经济基础是可以而且必然会产生反作用的，尤其在经济文化相对落后的国家建设社会主义，这种反作用可能体现得更为明显、更为强烈。然而，这种

---

① 马克思，恩格斯．马克思恩格斯文集：第 10 卷．北京：人民出版社，2009：588.

反作用必须是基于一个社会所具有的生产力水平的现状而发生的，否则不管其初衷如何善好、想法如何高妙，这种反作用实际表现出来的，也不一定是促进和推动，而更可能是阻碍和破坏。这也就是为什么马克思主义讲人类社会的发展进步总是受制于当下具体历史条件的限制，正如人不可能拉着自己的头发脱离地面，一个社会也不可能脱离既有社会生产力的状况而仅仅通过诉诸上层建筑和生产关系的盲目超阶段改造来推动社会发展。

因此，中国共产党由于在探索“如何建设社会主义”的过程中经历过重大曲折和惨痛教训，反而对于“什么是社会主义”有了更为通透的理解。或许可以说，对“什么是社会主义”的究问本就蕴含在对“如何建设社会主义”的探索之中，对社会主义本质的理解本就不能脱离“如何建设社会主义”而谈“什么是社会主义”。这也就是不能离“用”而言“体”。

朝着“究竟境地”进发

毛泽东非常看重人的主观能动性，希望激发人的精神力量并使其发挥到极致，以在物质和技术条件很有限的情况下取得革命和建设的成功。人是生产力中最为活跃的因素，所以人的精神力量的激发对于生产力的发展还是可能产生相当的促进作用的，只是我们不能过度夸大这种促进作用，而看不到能够发挥主观能动性、能够展现精神力量的人本身，仍然处于特定社会生产力的结构性约束中。

1978年12月13日，在中共中央工作会议闭幕会上，邓小平发表了作为中国特色社会主义“开篇之作”的讲话《解放思想，实事求是，团结一致向前看》。其中他讲了这么一段：“不讲多劳多得，不重视物质利益，对少数先进分子可以，对广大群众不行，一段时间可以，长期不行。革命精神是非常宝贵的，没有革命精神就没有革命行动。但是，革命是在物质利益的基础上产生的，如果只讲牺牲精神，不讲物质利益，那就是唯心论。”[①] 也就是说，**要不断推进社会主义的建设和发展，必然需要调动作为生产力最活跃因素的人的积极性主动性，但就整个社会而言，不能把这种积极性主动性的激发仅仅寄托在人的精神觉悟上，因为多数人的精神觉悟总是受制于既有的物质状况。对于任何心怀改造社会高远理想的人士而言，这都是不得不面对、不得不接受的严酷现实。**

当然，这绝不意味着要走向另一个极端，以至于否定了精神力量，把人视为纯粹的“经济动物”。对中华文明的体用不二传统而言，物质和精神绝不是二元对立的东西，就像人的身心本为一体，而非二物。所以，承继这一文明传统的中国特色

① 邓小平．邓小平文选：第2卷．2版．北京：人民出版社，1994：146.

社会主义，在从“功能”（也就是“用”，最根本的就是“解放和发展社会生产力”）的角度对于什么是社会主义、怎样建设社会主义有了新的认识之后，并没有因此堕入所谓庸俗的“实用主义”，更没有像有人认为的那样偏离了社会主义道路。实际上，中国特色社会主义从未舍“体”而言“用”。从邓小平强调要坚持四项基本原则，还强调要坚持物质文明和精神文明两手抓、两手都要硬，即可见一斑。

更根本的，对中国特色社会主义而言，虽然早在1984年10月20日党的十二届三中全会通过的《中共中央关于经济体制改革的决定》中，就已经明确“社会主义的根本任务就是发展社会生产力”①，但这一表述所言并非社会主义的究竟境地。在1992年初发表的著名的南方谈话中，邓小平对社会主义本质的著名界定是：“社会主义的本质，是解放生产力，发展生产力，消灭剥削，消除两极分化，最终达到共同富裕。”② 也就是讲，对于“最终达到共同富裕”而言，“解放生产力，发展生产力”也只是手段罢了。这也正是不能舍“体”而言“用”。

实际上，不管是资本主义社会，还是社会主义社会，抑或是任何别的社会形态，都是要解放和发展社会生产力的，问题在于为何以及如何解放和发展社会生产力，这就必然要到生产

① 中共中央文献研究室．十二大以来重要文献选编：中．北京：中央文献出版社，2011：52.

② 邓小平．邓小平文选：第3卷．北京：人民出版社，1993：373.

关系和上层建筑领域寻求答案。在 2001 年 7 月 1 日发表的《在庆祝中国共产党成立八十周年大会上的讲话》中，江泽民强调："社会主义与资本主义的根本区别，就在于它们的生产关系和上层建筑是不同的。社会主义制度的建立和不断完善，为我国社会生产力的解放和发展打开了广阔的道路。无论什么样的生产关系和上层建筑，都要随着生产力的发展而发展。如果它们不能适应生产力发展的要求，而成为生产力发展和社会进步的障碍，那就必然要发生调整和变革。"① 也就是说，**社会主义制度之于资本主义制度的优越性不应该是抽象空洞的，而是要体现在更好地促进社会生产力的解放和发展，为此也就需要通过改革使社会主义制度得到不断完善和发展。**

除了认识到"共同富裕"是社会主义的本质特征，因此也是中国特色社会主义的本质特征，在推进中国特色社会主义不断向前发展的过程中，我们还认识到，"社会和谐是中国特色社会主义的本质属性"②，"全面依法治国是中国特色社会主义的本质要求和重要保障"③ ……我们对中国特色社会主义本质的认识越来越全面了。那么问题来了，这些本质特征、本质属性、本质要求中，到底哪一个才是"最本质的"？换言之，解

---

① 江泽民．江泽民文选：第 3 卷．北京：人民出版社，2006：273.

② 中共中央文献研究室．十六大以来重要文献选编：下．北京：中央文献出版社，2008：698.

③ 中共中央党史和文献研究院．中国共产党第十九次全国代表大会文件汇编．北京：人民出版社，2017：18.

放和发展社会生产力，实现共同富裕，建设和谐社会，全面依法治国，如何才能做到呢？最根本的是靠什么呢？

答案是党的领导。不仅是党的领导，而且是党的全面领导、党对一切工作的领导。正如习近平所指出的，“中国特色社会主义最本质的特征是中国共产党领导，中国特色社会主义制度的最大优势是中国共产党领导”[①]。党的领导之所以是最大优势，是因为有了党的领导，其他各方面的优势才可能更好地发挥出来，而缺了党的领导，其他优势就要打折扣，甚至谈不上是优势了。“最本质特征”论是从实践发展中得出的基本结论，因此习近平还强调，“一定要认清，中国最大的国情就是中国共产党的领导”[②]。当然，“最本质特征”论并没有否定生产力标准，而是更深刻地把握到了党的领导与生产力发展以及社会全面进步之间的内在联系。

我们对社会主义本质的认识由此又可推进一步，思考处于社会主义初级阶段的中国特色社会主义随着社会生产力的发展而往何处去的问题。进而言之，中国特色社会主义的体用不二特质，不仅表现在以共同富裕为体、以解放和发展社会生产力为用，更根本的，它本身就是朝着更发达的社会主义以至共产主义的究竟境地进发的，最终落脚在人的全面发展和社会的全

---

① 习近平．论坚持党对一切工作的领导．北京：中央文献出版社，2019：59.

② 同①57.

面进步。2013 年 1 月 5 日，习近平在新进中央委员会的委员、候补委员学习贯彻党的十八大精神研讨班上指出：“共产党员特别是党员领导干部要做共产主义远大理想和中国特色社会主义共同理想的坚定信仰者和忠实践行者。”① “没有远大理想，不是合格的共产党员；离开现实工作而空谈远大理想，也不是合格的共产党员。”②

在这个意义上，中国特色社会主义每向前挺进一步，也就是往更发达的社会主义甚至共产主义靠近一步。重要的不是好高骛远想些不切实际的事情，而是脚踏实地做好当下正在做的事情。这种于“当下”见道、证道的精神，不正是中国特色社会主义体用不二特质的显现吗？

---

① 中共中央文献研究室．十八大以来重要文献选编：上．北京：中央文献出版社，2014：115.

② 同①116.

第三章

顺时守中

顺时守中是中国特色社会主义的又一文明特质。实事求是是要在变化的实事中求规律，体用不二是要在灵活的功用中显本体，无论是“实事”的变化还是“功用”的灵活，都突出了“时”的重要。而**中国特色社会主义因“时”而宜、与“时”俱进，同时又不失本心、不走极端，可谓“君子而时中也”**（《礼记·中庸》）。

易道-辩证法

中国特色社会主义这一非常鲜明的文明特质，植根于知时达变守中的中华文明道体中。一个文明的核心和精髓，是其道体，而道体总是关乎对于宇宙自然的总体思考[①]。中华文明理解的“自然”，原初就是“日月之行”的变易，因此中华文明之道，体现为一种易道-辩证法。这使中华文明具有与时俱进、通达变化、持守中道的显著特征。表现在实际的社会政治生活中，就是极高明而道中庸，不走极端、崇尚和谐，富于节制和平衡的精神。“一阴一阳之谓道”（《易经·系辞上》），可以说是对中华文明之道最为形象的表述。只不过近代以来，在崇尚霸道、强势进取的西方文明面前，中华文明的这种“中庸之道”反被贬为保守僵化、缺少创新，这实在是对中华文明易道精神的误解和歪曲。

作为世界上农业文明时代的佼佼者，中华文明顺时守中的特质正是源于农业对天时的关注和倚重。农业生产，最需要顺应天时，与时偕行，由此而有井然的秩序，以及天人合一式的泯消主客对立的和谐关系。所谓“守中”，是在“顺时”的过程中持守中正之道，也就是保持动态的均衡。如果认为有某个固定的“中”需要去持守，那是不符合“顺时”的精神的。因此，所谓的秩序与和谐是相对的，无论多么和谐的秩序内部都

① 基于“道体论”的开创性研究，参见：丁耘．道体学引论．上海：华东师范大学出版社，2019．该书从阐述道体学典籍（重《易》《庸》，旁参《庄子》）的精义人手，重新梳理中国哲学的义理脉络，并转而在此立场上统摄西洋哲学的基本问题。在中华民族走向伟大复兴的世界历史时刻，该书开启了一种告别“本体论”而走向“道体学”的哲学思考。

会有矛盾，有变化，秩序本身总是在不断生成和更新中。

中国特色社会主义的这一文明特质，也为马克思主义的唯物辩证法所强化。**马克思主义继承了黑格尔哲学的“合理内核”，即“辩证法”，它同样是一种基于时间性的变易之道，因此与中华文明的易道-辩证法具有内在的契合性。**一分为二的矛盾观点是其最核心的内容，由此而有对立统一规律和否定之否定规律等。与黑格尔哲学尤其是倾向保守的老年黑格尔派不同的是，马克思主义的唯物辩证法具有极强的革命性，成为无产阶级及其政党通过革命斗争改造客观现实世界、推动社会进步发展的有力思想武器。中国共产党掌握了这一有力思想武器，并用于思考和分析处于半殖民半封建状态的中国社会实情，最终领导中国人民取得了新民主主义革命的胜利。在这一过程中，中国共产党也犯过错误，主要就是因为没能正确认识矛盾，尤其是没能正确辨析主要矛盾和矛盾的主要方面，但总的来讲，中国共产党在革命战争年代还是能够正确认识矛盾、善于利用矛盾、有效解决矛盾的。问题在于，**在从革命战争年代转入和平建设年代之后，如何把马克思主义唯物辩证法内在的革命性纳入新生的中华人民共和国肌体之内，构建一个相对稳定又不固化的社会政治秩序？**

这一工作是在中国特色社会主义开创之后才逐渐完成的。在此过程中，中华文明顺时守中的内在特质与马克思主义具有革命性的唯物辩证法融合，进一步塑造了中国共产党“解放思想，实事求是，与时俱进，求真务实，守正创新”的思想路线，使中国特色社会主义这艘巨轮乘风破浪，行稳致远。而这，也正是“中国道路”（中国特色社会主义道路）和“中国方案”（中国特色社会主义现代化方案）逐渐形成的过程。

因应权衡的智慧

中国特色社会主义是在不断深化对共产党执政规律、社会主义建设规律、人类社会发展规律的认识中形成的，也是在根据变化的形势与任务进行自我调整和自我完善的过程中形成的。在中国共产党长期执政的条件下，在社会主义初级阶段，它业已具有了较为成熟的形态。比如在国家治理体系方面，中国特色社会主义就强调要同时注重发挥政府和市场“两只手”、国有经济和民营经济“两只脚”、中央和地方“两个积极性”的作用，而不能有所偏废，实质上就是要形成一个相对平衡稳定、可持续有效运转的体制机制与治理结构。此外，在处理很多矛盾时，中国特色社会主义都表现出这种不走极端、追求均衡协调的文明特质。

最为集中反映这一文明特质的，是胡锦涛于 2007 年 10 月 15 日在党的十七大报告中概括的“十个结合起来”：“在改革开放的历史进程中，我们党把坚持马克思主义基本原理同推进马克思主义中国化结合起来，把坚持四项基本原则同坚持改革开放结合起来，把尊重人民首创精神同加强和改善党的领导结合起来，把坚持社会主义基本制度同发展市场经济结合起来，把推动经济基础变革同推动上层建筑改革结合起来，把发展社会生产力同提高全民族文明素质结合起来，把提高效率同促进社会公平结合起来，把坚持独立自主同参与经济全球化结合起来，把促进改革发展同保持社会稳定结合起来，把推进中国特色社会主义伟大事业同推进党的建设新的伟大工程结合起来，取得了我们这样一个十几亿人口的发展中大国摆脱贫困、加快实现现代化、巩固和发展社会主义的宝贵经验。”①

凝缩在这些宝贵经验中的精髓，就是中国特色社会主义结合中华文明易道-辩证法与马克思主义唯物辩证法而形成的顺时守中文明特质，内中包含着因应权衡的极高实践智慧。中国特色社会主义坚持矛盾论，坚持从发展的眼光看问题，坚持把自身的建设和发展看作一个动态均衡的过程。也许有人仍对中国特色社会主义到底“特”在何处抱有疑问，实际上，它特就特在中国共产党的领导，特就特在把看似矛盾的不同事物或事物的不同方面结合在了一起。可以说，中国特色社会主义注重改革发展历史进程中基本的矛盾关系的结合与协调，具有可持续性，不摇摆；注重原则性和灵活性的统一，能有效解决中国

① 胡锦涛．胡锦涛文选：第2卷．北京：人民出版社，2016：620.

改革发展进程中的实际问题，蕴含着治国理政的政治智慧，不僵化。

需要强调的是，中国特色社会主义的开创和发展是顺随时代潮流、因应形势变化而不断推进的实践创新和理论创新相互结合、相互促动的双重创新过程。在改革开放40多年的时间里，中国经济社会变化之剧、成就之大，不仅放在中华民族发展史上，就是放在整个人类文明发展史上来看，也是蔚为壮观、可圈可点的，因此这40多年是高度浓缩的，创新步伐是非常快的。实践创新可以说贯穿整个改革开放历程，其间遇到的重大阻碍和困难，可以说都是通过出台重大改革举措、推进关键领域实践创新予以克服和解决的。理论创新的步伐也是从未停息过，从邓小平理论到“三个代表”重要思想，再到科学发展观，再到习近平新时代中国特色社会主义思想，中国共产党不断回应和解答时代之问、实践之问、人民之问，不断推进马克思主义中国化时代化大众化，不断创立新的重大理论。这最好不过地体现了中国特色社会主义的顺时守中文明特质。

顺时守中的具体表现

具体说来，中国特色社会主义有一些主要的理论创新，包括社会主义初级阶段论、社会主义市场经济论、科学发展观、社会主义和谐社会论等，本身也都体现了顺时守中的文明特质和辩证法思维。

社会主义初级阶段论，一方面坚持我们已经完成了社会主义革命，进入了社会主义社会，并坚持社会主义的前进方向；另一方面认为社会主义的建设与发展是一个长期历史过程，我们仍处于欠发达的初级阶段，虽然现在已不能简单地说是落后了，但发展起来以后仍处在不平衡不充分的发展状态。前者防右，后者防“左”。落实到中心任务和国家战略上，最根本的就是从“以阶级斗争为纲”转向以经济建设为中心，因此实践中便以解放和发展社会生产力为目的来寻找改革的突破口。但同时，我们仍强调，一方面坚持改革开放，另一方面坚持四项基本原则，前者为经济发展与社会进步提供动力，后者保证正确的政治方向。虽然为了突破“左”的教条的束缚，前者强调得更多，但若没有后者，改革开放就可能走邪路，可能发生颠覆性错误，绝非可有可无。正如为了从当时贫穷落后的状况下摆脱出来，我们更多地强调解放和发展社会生产力这个最紧迫的目标，但一直仍坚持解放和发展社会生产力的更根本指向是为了实现共同富裕。总之，社会主义初级阶段理论是中国特色社会主义得以不断开拓创新的总依据，它在当下与未来之间保持的张力，实质是中国特色社会主义本身所具有的理想性与现实性的对立统一，体现了中国特色社会主义的顺时守中。

社会主义市场经济论，是为了适应中国特色社会主义改革的现实需要而进行的理论创新。中国的改革最初是以经济改革来带动整体改革，为了解放和发展社会生产力，首先就要进行经济体制改革，而经济体制改革就是在不断破除高度集权的计划经济体制和单一公有制的过程中逐步推进的。其中，最基本的理论问题是如何处理社会主义与商品经济以及市场经济的关系问题。由于马克思主义的最终目标只有在消灭私有制的基础上才可能实现，所以拘泥教条的传统社会主义根本就不承认商品经济与市场经济在社会主义条件下的正当性，但在社会主义初级阶段理论的基础上，我们就可以在二者之间建立适度的平衡，一方面承认公有制的主体地位不能动摇，政府宏观调控的重要作用不可偏废；另一方面又接受市场在资源配置过程中要发挥基础性乃至决定性作用，容纳各种非公有制经济成分在社会主义市场经济中占有一定地位。很大程度上可以说，过去40多年中国特色社会主义的改革过程就是社会主义市场经济体制从艰辛探索、基本确立到不断完善的过程。这一过程最显著的特征就是不急躁、不冒进、不走极端、不搞“休克疗法”，而是走了一条由旧体制下的“双轨制”逐步过渡到社会主义市场经济新体制的稳健而扎实的渐进之路，同样体现了中国特色社会主义的顺时守中。

科学发展观，强调以人为本和全面协调可持续的发展。以人为本，实际上就是以人民为本，可通向新时代的“以人民为中心”。它针对的是“以物为本”“GDP中心主义”导致的

“见物不见人”，纠正过去片面强调经济增长甚至简单地以数字来评判发展成绩的偏颇倾向。须知，一切发展都是为了人本身，为了满足人民群众的美好生活需要，为了促进人的全面自由发展，而不能把活生生的人仅仅看成物化的劳动力，简单视为经济增长所需要的生产要素。以人为本，特别是指以最广大人民群众的根本利益为本，我们所追求的发展，最终要依靠的是人民群众，最终要服务的也是人民群众。我们建设并建成的小康社会，是全面的总体的小康社会，是惠及最广大人民群众的小康社会，经济社会的发展成果应该由最广大人民群众共享。全面协调可持续，针对的是发展过程中的片面、失调与短视，强调的是经济社会的协调发展与全面进步，为此要统筹兼顾各领域各方面各环节，推进生产力和生产关系、经济基础和上层建筑以及社会整体与自然界相协调，在此基础上，方可实现一代又一代的永续发展。这也体现了中国特色社会主义的顺时守中。

社会主义和谐社会论，其重要价值未来还可能得到进一步的彰显。它实际上已经融入中国共产党的实践和理论的方方面面，成为一种具有全局意义与长远意义的思想指南。就解决中国社会的具体矛盾与问题而言，社会主义和谐社会理论所提供的是一种更具根本意义的新型社会理想，对于充满各种新矛盾新问题的中国社会具有很强的针对性。党的十六届六中全会更是提出了“社会和谐是中国特色社会主义的本质属性”这一命题，深化了对社会主义本质的认识。在此意义上，社会主义和谐社会理论广泛适用于中国特色社会主义的整个历史发展过程，不仅回应当下，而且指向未来。所谓社会主义和谐社会，就其终极意义而言，等同于科学社会主义所追求的“自由人联合体”这一最高目标，而就其现实意义而言，则是指建设一个“民主法治、公平正义、诚信友爱、充满活力、安定有序、人与自然和谐相处”的社会，这是社会主义初级阶段所应追求的社会理想①。另外很关键的是，“和谐”是中华文明传统的核心理念之一，以此来命名一种新型的社会主义社会理想，可谓中华文明与现代社会主义之交融的鲜明体现，蕴含着马克思主义中国化的重要方向与光辉前景。事实上，“和谐”以及“合作”的理念已经越来越广泛地在中国内政外交的实践、战略与政策中得到运用。这也体现了中国特色社会主义的顺时守中。

除了这些注重矛盾统一的理论创新，中国特色社会主义顺时守中的文明特质和辩证法思维还体现在：在邓小平所说的“中国式的现代化”进程中，我们非常注重统筹三种基本目标、三种基本力量和三种基本机制。这三种基本目标，就是解放和发展社会生产力，实现全体人民共同富裕，促进人的全面发展；这三种基本力量，就是党政力量、市场力量和社会力量

① 中共中央文献研究室．十六大以来重要文献选编：下．北京：中央文献出版社，2008：547.

（或人民的力量）；这三种基本机制，就是经济社会发展的动力机制、平衡机制和治理机制。

改革开放是发展中国家走向现代化并追赶西方发展水平的根本动力和重要法宝。发展中国家所要实现的现代化目标很是宏伟远大。然而，实现这种目标却遇到了种种体制机制弊端和陈旧落后的思想观念的阻碍。只有不断改革这些体制机制和不断破除这些思想观念，才能顺利走上现代化发展之路。

正确把握现代化发展进程中改革发展稳定的关系、政府市场社会的关系，对解决发展问题尤为重要。在我国社会生产力相对落后的时候，发展就是硬道理，需要利用市场经济和市场机制的力量。这时，动力机制尤为关键。要发展就必须通过改革破旧立新，逐渐建立良好的治理机制。于是，转变政府职能并更好发挥政府的作用就显得重要了。在改革发展过程中，尤其是相对发展起来以后，我们的社会进入权益表达诉求日益强烈的矛盾多发期，稳定问题会凸显出来。这时，建立和发挥平衡机制，并积极发挥社会参与的力量，就显得相对突出了。

总之，在实现社会主义现代化进程中，中国特色社会主义能正确把握好改革发展稳定的关系，以及政府与市场、社会的关系，充分发挥好动力机制、平衡机制和治理机制的作用，并使三种机制达到协调配合，从而能使中国获得快速发展，并为世界做出重要贡献。这里面体现的正是中国特色社会主义的顺时守中文明特质。

第四章

重民尚德

如果说实事求是、体用不二、顺时守中均侧重从**世界观**和**方法论**角度来讲中国特色社会主义的文明特质，那么重民尚德、和合共生则侧重从**价值观**和**目的论**角度来讲中国特色社会主义的文明特质。当然，后者与前者本是内在一体、不可分割的，这里只是分别言之而已。首先看重民尚德。

中华文明自古有“为政以德”的古训，而中国共产党有“全心全意为人民服务”的宗旨。从“为政以德”到“全心全意为人民服务”，可见中华政道的现代更化。实际上，只有把中国共产党的领导以及中国特色社会主义民主政治的发展，置放在整个中华文明传统自古至今延绵不绝、赓续不断的过程中，才可能全面把握其底蕴与价值。中国特色社会主义承续了

“为政以德”这一悠久的文明传统，不过在从“为政以德”到“全心全意为人民服务”的古今流变中，中国共产党因为引入马克思主义也创造了新的东西。理解中国特色社会主义重民尚德的文明特质，既要知其不变者，又要知其变者，由此才能使中华文明的这一特质在不失本色中更化自新。

“为政以德”的政教文明

自汉武帝“罢黜百家，独尊儒术”，至清末科举废、革命兴，“孔孟之道”可谓两千多年中国的正统意识形态。而孔子自言“吾从周”，孟子言道统更是上溯三代以至更早，“由尧舜至于汤，由汤至于文王，由文王至于孔子”（《孟子·尽心下》）。实际上，孔子但言“从周”，是夏殷“文献不足故也”，并没有因从周道而废夏道或殷道。在中国最早的史书《尚书》中，西周大臣周公把几位明哲的殷王与周文王一起作为成王学习的榜样，同样地，殷大臣伊尹也把夏朝的贤君与商汤一起作为帝太甲学习的榜样。所以孔子说：“大道之行也，与三代之英，丘未之逮也，而有志焉。”（《礼记·礼运》）他对于三代英明帝王的仰慕溢于言表。

当然，孔子并没有把所谓的夏商周“三代之治”理想化，“大道之行”是在更早也更无法查考的尧舜时期。从《尚书》

中也可看到，夏商周三代不仅有“三代之英”，还有因无法企及“先王”之高度而使“先王之道”面临衰落之危险的寻常帝王，更有夏桀、商纣等昏聩无道、淫逸暴虐的亡国之君。此外，王朝内部有阴谋叛乱，王朝更替有杀伐决断，“国之大事，在祀与戎”（《左传·成公十三年》），三代绝不是一派和平温良的景象。既然如此，为何还要强调“三代之治”呢？与此相关的一个问题是，孔孟的“法先王”究竟是不是复古主义？

从包括今古文在内的整部《尚书》来看，它主要记载的是尧舜禹至三代的明哲帝王和贤能大臣的嘉言懿行，探讨的都是治国理政的大道理。所谓“三代之治”，应该理解为足堪师法的“三代之英”开创的美政善治，他们往往都是一个朝代的伟大奠基者，从大禹到商汤再到文王武王，从皋陶到伊尹再到周公。就夏商周三代来讲，每个朝代都有自己的奠基者，但置于中华民族的悠久历史中来看，**“三代之英”荟萃在一起，成了整个中华民族政治的奠基者。而所谓的“法先王”，更准确地说，乃是师法“先王之道”，即“三代之英”尤其商汤文武这样的建政帝王所主张并践行的有关治国理政的大道。**在《尚书》中，大力宣扬“先王之道”的倒主要是伊尹周公等辅政大臣，以教导“后王”不要荒废正道、堕入邪恶。

进一步言之，《尚书》关于“先王之道”的论述，聚焦到一个“德”字。正是因为“先王”是有德之君，所以他们才能得到天下人心的归往。所谓“德”，首先就集中体现了梁漱溟先生所说的中华文明的“理性早启”，探讨朝代的治乱兴衰侧重从人即统治者自身是否有德以及德行高下去找原因。也正是因此，“法先王”就成了师法“先王”所循之道、所禀之德。一旦“后王”可能放任自流乃至离道背德，“法先王”就意味着以“复古”的名义对“后王”进行批评规诫，就像“五子”之于太康、伊尹之于太甲、周公之于成王，“法先王”的要求在此恰恰意味着寻求革新。更有甚者，遇到像夏桀、商纣这般无道败德至极的“后王”，“法先王”将可能意味着革命。《尚书》云“皇天无亲，惟德是辅”（《尚书·蔡仲之命》），《诗经》亦云“无念尔祖，聿修厥德，永言配命，自求多福”（《诗经·大雅·文王》），反映的正是中华文明从奠基时期即葆有的思想精髓与价值指向。

作为中华古典文献的伟大整理编订者，孔子对于保存与传承“先王之道”所代表的中华政道做出泽及千秋、不可磨灭的贡献。老子有言：“执古之道，以御今之有。能知古始，是谓道纪。”（《道德经·第十四章》）孔子之“好学”，之为“圣之时者”（《孟子·万章下》），即在于此。孔子编修的经典即蕴含“先王之道”，如前引章学诚于《文史通义》开宗明义所言，“六经皆史也。……六经皆先王之政典也”。孔子“述而不作”，因为他所编修的经典中即载有他所高度认同的思想。当然，他的思想在《论语》中有更直接的表述，比如他所说的“为政以德”，就是对于“先王之道”尤其“鉴于三代”的西周政道的高度提炼，以此贯通古今，承前启后，通过“德治”“仁政”的明确主张，使中国政治即便经历了许多暴力横行、杀戮不断的乱世，也始终一贯追求“德性政治”的理想形态。

在《尚书》中，**“为政以德”的“德”主要说的是帝王之德，是体现在具体政治生活中的道德理性与实践德性。这里体现了中华文明的一个基本特点：知行合一，以及与此相应的政教合一。**“先王”具有内圣外王的超凡禀赋，“作之君，作之师”，同时承担了政治与教化的双重功能。或不如说，“先王之道”就是作为教化的政治之道，就是源于先王典范的“政教”或“文教”。显然，在这一德性政治中，最基本的关系存在于君和民之间，大臣与百官僚属都是作为君的辅助者出现的，而为君之德，最基本的体现就是要时刻铭记“民惟邦本，本固邦宁”(《尚书·五子之歌》)，努力造福民众。《尚书》论及“敬”“仁”“诚”等德性，并提出了“一德”的至高要求和“德日新”的明确方法，即“终始惟一，时乃日新”(《尚书·咸有一德》)，勉励为君者不断提升自己的德性。《尚书》还言及更精妙的修德心法，即“敕天之命，惟时惟几”(《尚书·益稷》)，又言“人心惟危，道心惟微，惟精惟一，允执厥中”(《尚书·大禹谟》)。

孔子生逢春秋战国之际乱世开端，“先王之道”已经罕见，掌握权位者多不修德政，竞力逐利，务求霸强，“为政以德”的倡导已显不合时宜，到孟子四处游说推行“仁政”时，时势发展就更糟糕了。孔孟何以言“德”言“仁”？那是在乱世中保存中华文明正道的高贵种子，是能从根本上救治世道人心的不二法门。因此，虽然原来在位的贵族统治者及其德性在剧变时代不断衰落，但中华政道的精髓仍能通过孔子开创的民间讲学传统得到承续，那种修德进业、不断向上的力量始终没有断绝，中华民族也才能在经历一个又一个困厄之后重新生发繁荣自己的德性。

在这一过程中，由于“德”“位”的分离，“德”的人群载体发生了显著变化。“德”不再专指帝王以及高层贵族统治者之德，而是任何想要成为“士”的人，都可以通过修行获得。“君子”不再专指世袭王权的继承者，努力修德的士人都可以成为“君子”。无疑，这将使“德”的意涵发生变化，它原来不能够脱离实际政治生活而存在，但现在并不是所有士君子都有可能参加政治生活，德的实现也就并不一定非要通过掌握权位后才有的政治生活。孔子被称为“素王”，就是因为有王德而无王位。中华政教文明也因此被赋予了新义：**在“先王”那里，政治即为教化；在孔子这里，教化即为政治。但无论如何，中华政教文明的本色不变，中华政道重“德”的基底也不变。**到西汉武帝时，春秋末期以来数百年秩序大转型基本完成，随着儒家学术成为官学，士人与仕宦之间的渠道重新打通，中华政教文明得到恢复，“为政以德”又有了现实意义，德性政治也有了新发展。

“全心全意为人民服务”的新德性政治

辛亥革命结束了秦汉以后两千多年的帝制，在变更政制形式的同时，仍继承了中华政道的精神实质，那就是许多仁人志士都认识到，“民国”的构建最终要落脚到国民德性的变革与培育上。实际上，唐宋以后，由于世家大族的不断衰亡、科举制的实行、平民化社会的兴起以及宋明理学的广泛传播，德性政治的日常家庭伦理取向就愈加显明了，德性政治的实践日益扩大化与平等化，“三纲五常”成为全社会最基本的伦理规范，“自天子以至于庶人，壹是皆以修身为本”（《礼记·大学》）。走向“共和”，则要在打破家国同构的政治伦理逻辑的前提下重建平民之德。最终，是中国共产党领导的人民革命完成了这一使命，再造了“共和”，而毛泽东提出的“全心全意为人民服务”，则接续和发展了“为政以德”的政治文明传统，实现了中华政道的更化自新。

梁漱溟对中国文化与中国社会有深切把握，但在新中国成立后，他一开始并没有迅即感知中国共产党建政的伟大贡献，不过在经过几个月在各地的参观访问后，他认识到：“今天我的路没走通，而共产党的救国建国运动却有成效见于世。——特别是见出了人心的透达流行渐有其新路道，人的生命之相联相通渐有其新路道，大致可解答我夙日的问题。”[①] 中国共产党之所以能够做出伟大贡献，尤其是“透出了人心”，与其所置身的悠久而独特的社会文化传统密切相关。梁漱溟认为，人类本有的伟大和向上心远从孔孟以来一直在中国被直接启发着，这对于中国共产党这一强大团体之形成是无形的好条件，有形的好条件即所谓无产阶级工人在中国是太少太少，然而像共产党所说无产阶级那种精神或心理，却正是中国人所崇尚的东西——仁与义。换言之，**正是因为中国共产党秉承了中华政道的精髓，把人心视为最大的政治，“引进了社会主义思想，给人心开路”[②]，遂才有中国政治的新气象。**

中国共产党开创的“全心全意为人民服务”的新德性政治，无疑直接继承了“民惟邦本”的政治意识，精准把握到三代“先王之道”重民尚德的神髓。作为中国共产党的根本宗旨，它实际上对全体党员尤其党员领导干部提出了基本的德性要求，是“为政以德”的德性政治传统在现代中国的延续。同时，这当然也与马克思主义的引入尤其人民主体论的影响有关。由于马克思主义为中国共产党注入了鲜明的充满革命性的现代意识，“全心全意为人民服务”在抽象继承中华政道基本精神的同时，也在内涵方面进行了具有实质意义的变革。可以

① 梁漱溟．梁漱溟全集：第3卷．济南：山东人民出版社，2005：383.
② 同①411.

说，中国共产党开创的现代中国的政治形态，即社会主义政治或者说“人民政治”[1]，是对传统中国政治文明的创造性转化和创新性发展。

在“全心全意为人民服务”所指向的政治结构中，古典传统的统治与被统治关系已经不复存在，中国共产党与人民之间不再是唐太宗所说的“舟水”关系，而是毛泽东所说的“鱼水”关系。舟无水仅不能行，鱼无水则不能生。“中国共产党根基在人民、血脉在人民、力量在人民。中国共产党始终代表最广大人民根本利益，与人民休戚与共、生死相依，没有任何自己特殊的利益，从来不代表任何利益集团、任何权势团体、任何特权阶层的利益。”[2]

中国共产党来自人民，也必须扎根于人民，才能葆有生命活力。**中国共产党由人民中的先进分子构成，其德性正是源于其先进性，但这种先进性并非一旦具有就始终具有，绝不能脱离人民而言先进。**人民是更根本的政治主体，而党只是人民推动社会发展进步的历史工具。不但党员，而且人民中的任何普通一员，都可能做到“为人民服务”。中国共产党的“全心全意为人民服务”，也正是为了使广大党员和人民群众的觉悟与

---

① 关于“人民政治”，参见：徐俊忠．关于新中国政治文明与政治类型的思考：兼谈中国共产党的政治定位．开放时代，2020（4）．

② 习近平．在庆祝中国共产党成立一百周年大会上的讲话．北京：人民出版社，2021：11－12．

德性在整体上得到不断的提升。这自然需要一个漫长的过程，需要党和人民之间的不断互动、共同进步。这一过程也正是习近平所说的一以贯之的“伟大社会革命”和一以贯之的“伟大自我革命”同向而行、相互促进的过程①，也正是人民的主体性愈加突出、不断自我解放的过程。

总之，**中国共产党有自己建政立国的大道，中华文明“为政以德”传统及民本思想与马克思主义人民主体论融合生成的“全心全意为人民服务”这一伟大宗旨可谓其精髓。**在理论上，我们需要把它放在周孔以来一以贯之的伟大中华政道传统中扩展认识、加深理解；在实践上，则需要“无念尔祖，聿修厥德”（《诗经·大雅·文王》），时刻牢记初心使命，不断提升“全心全意为人民服务”的水平与能力。

一些简单印证

中国共产党领导中国人民开创的中国特色社会主义，自然承续葆有了这种重民尚德的文明特质。具体体现则不胜枚举。比如，在党的十九大前，社会主义初级阶段的主要矛盾一直被

---

① 习近平．习近平谈治国理政：第3卷．北京：外文出版社，2020：69－73.

认为是人民群众日益增长的物质文化需要同落后的社会生产之间的矛盾；党的十九大报告提出，我国社会的主要矛盾转化为人民日益增长的美好生活需要和不平衡不充分的发展之间的矛盾。虽然有这种转变，但自始至终，不断提高社会生产力、实现更平衡更充分发展的目的都是服务人民需要、满足人民需求。邓小平在南方谈话中提出的衡量一切工作是非得失的“三个有利于”标准，即“是否有利于发展社会主义社会的生产力、是否有利于增强社会主义国家的综合国力、是否有利于提高人民的生活水平”①，最后落脚点即“是否有利于提高人民的生活水平”。同时，邓小平的“重民”思想绝不是仅仅只看重物质利益的满足，而是特别强调物质文明和精神文明要同步建设、一体推进。

再比如，江泽民提出的“三个代表”重要思想，即中国共产党要“始终代表中国先进生产力的发展要求，代表中国先进文化的前进方向，代表中国最广大人民的根本利益”，落脚点为“代表中国最广大人民的根本利益”，体现了“重民”。另外，江泽民在提出依法治国基本方略的同时，也特别强调以德治国的重要性，体现了“尚德”。在 2001 年 1 月 10 日全国宣传部长会议上，他提出：“我们在建设有中国特色社会主义、发展社会主义市场经济的过程中，要坚持不懈地加强社会主义法制建设，依法治国；同时也要坚持不懈地加强社会主义道德

① 邓小平．邓小平文选：第 3 卷．北京：人民出版社，1993：372.

建设，以德治国。对一个国家的治理来说，法治和德治，从来都是相辅相成、相互促进的。二者缺一不可，也不可偏废。……我们要把法制建设与道德建设紧密结合起来，把依法治国与以德治国紧密结合起来。”①

胡锦涛提出的科学发展观，核心是“以人为本”，其基本意涵即“要始终把实现好、维护好、发展好最广大人民的根本利益作为党和国家一切工作的出发点和落脚点，尊重人民主体地位，发挥人民首创精神，保障人民各项权益，走共同富裕道路，促进人的全面发展，做到发展为了人民、发展依靠人民、发展成果由人民共享”②。同时胡锦涛强调要“加强党的先进性建设”，指出：“先进性是马克思主义政党的根本特征，也是马克思主义政党的生命所系、力量所在。党的先进性建设是马克思主义政党自身建设的根本任务。”③“保持党的先进性，就必须坚持立党为公、执政为民，不断提高领导水平和执政水平……，把坚持党的先进性切实落实到发展先进生产力、发展民主政治、发展先进文化、构建和谐社会、实现最广大人民根本利益上来，推动社会全面进步，促进人的全面发展。紧紧把握住这一点，就从根本上把握了人民愿望，把握了党的先进性的真谛，就能更好完成党的执政使命。”④ 这无疑体现了“重

---

① 江泽民．江泽民文选：第3卷．北京：人民出版社，2006：200.

② 胡锦涛．胡锦涛文选：第2卷．北京：人民出版社，2016：624.

③ 同②263.

④ 同②269－270.

民尚德”。

习近平进一步提出了“坚持以人民为中心”，党的十九大报告对其意涵的阐述为：“人民是历史的创造者，是决定党和国家前途命运的根本力量。必须坚持人民主体地位，坚持立党为公、执政为民，践行全心全意为人民服务的根本宗旨，把党的群众路线贯彻到治国理政全部活动之中，把人民对美好生活的向往作为奋斗目标，依靠人民创造历史伟业。”[①] 习近平高度重视思想、道德、文化、价值的力量，提出“文化自信是更基础、更广泛、更深厚的自信”[②]，“文化自信是更基本、更深沉、更持久的力量”[③]，强调“核心价值观，其实就是一种德，既是个人的德，也是一种大德，就是国家的德、社会的德。国无德不兴，人无德不立”[④]。在党的建设方面，他也强调“坚持思想建党和制度治党紧密结合”[⑤]，“要使加强制度治党的过程成为加强思想建党的过程，也要使加强思想建党的过程成为加强制度治党的过程”[⑥]。这些显然也体现了“重民尚德”。

---

① 中共中央党史和文献研究院．十九大以来重要文献选编：上．北京：中央文献出版社，2019：15.

② 中共中央党史和文献研究院．十八大以来重要文献选编：下．北京：中央文献出版社，2018：349.

③ 同②323.

④ 中共中央文献研究室．十八大以来重要文献选编：中．北京：中央文献出版社，2018：3.

⑤ 同④94.

⑥ 同④95.

第五章

和合共生

中国特色社会主义还有一种文明特质是和合共生，同样具有价值观和目的论的意味。这一特质深深植根于中华文明传统中，实际上中华文化时常被认为是“和合文化”，因为“和合”正是这一文明在处理人世间各种关系尤其是复杂多样事物可能相互冲突的关系时崇尚的深层文化逻辑。

2016 年 9 月 3 日，习近平在二十国集团工商峰会开幕式上指出，“和衷共济、和合共生是中华民族的历史基因，也是东方文明的精髓”①。2018 年 4 月 11 日，习近平在集体会见博

① 习近平在二十国集团工商峰会开幕式上的主旨演讲．(2016 - 09 - 03)[2021 - 01 - 18]. http：//www. xinhuanet. com/world/2016 - 09/03/c_129268346. htm.

鳌亚洲论坛现任和候任理事时指出："计利当计天下利。世界大同，和合共生，这些都是中国几千年文明一直秉持的理念。不能独善其身，而应该兼济天下，因为幸福不应该是一个独立单元的享受，而应该是全人类共同的感受。"①

"致中和"的文明理想

古汉语中，"和"既可做动词，又可做形容词。做动词，"和"表示协调不同的人和事并使之均衡。《尚书·尧典》言："百姓昭明，协和万邦。"做形容词，"和"也用于描述一种事物的存在状态。《广韵》有言："和，顺也，谐也，不坚不柔也"；《新书·道术》有言："刚柔得适谓之和，反和为乖"。其中，"和"都是指一种适度、不过分的和谐状态，故而"中和"常常连用。所谓"中"，就是适中、不偏不倚，前文讨论中国特色社会主义的顺时守中文明特质时已有论及。**致中和，就是依道而行，按照客观规律办事，其结果就是"天地位焉，万物育焉"，表达一种天地万物各得其所、各安其位而又充满生机、生长发育的和谐状态，可称之为"共生"。**

① 习近平：世界大同，和合共生．(2018-04-11) [2020-12-26]. http://www.xinhuanet.com/2018-04/11/c_1122668116.htm.

因此，“和”的本质就在于，遵循客观规律办事，使不同事物或同一事物的不同方面达成协调统一。需要强调的是，“和”要达到的“统一”是有差异的统一，亦即“和而不同”“各美其美”，其最高境界就是“万物并育而不相害，道并行而不相悖”。

可见，“致中和”是“和合共生”的实践基础，“守中”才能“和合”，“和合”才能“共生”。楼宇烈的这段论述可为印证：“为什么中国可以做到和而不同？我想就是因为中国传统文化中有‘执两用中’的思想，《礼记》曰：‘执其两端，用其中于民，其斯以为瞬乎？’因此，理学家就把‘中’看成是中国文化的传道心法，十六字心法有一定道理。按照《尚书》的记载，尧传给舜是四个字‘允执厥中’，舜传给禹是十六个字‘人心惟危，道心惟微，惟精惟一，允执厥中’，宋明理学家就把这十六字看成是儒家道统的十六字心法。中就是不偏于任何一边，不把任何一边绝对化。我们要把握两边，但是要用中，而不要绝对化，因此才会有‘中庸之为德也，其至矣乎’的说法。”①

姜义华认为，**本体性的“中”在实践领域集中的表现就是“和”。**他指出：“在承认差异合理性、必然性的基础上，‘和’还要求它们互相配合、互相联合、互相结合，创造出新的统一

① 楼宇烈．中国文化的根本精神．北京：中华书局，2016：30.

体，这就是董仲舒《春秋繁露·基义》中所说的‘凡物必有合’。”① 这大概就是“和合”连用的原因。他又说：“作为天下之大本的‘中’与作为天下之达道的‘和’，在中华文明中既是一种崇高的社会伦理价值追求，又是一种经济的、政治的、社会的、文化的、生态的，可以说是无所不在的普遍的实践。中和最显著的特征，就是它目标明确，而实践性又特别强，操作路径非常清晰，操作方法非常方便易行。因此，价值理性和工具理性在这里非常自然地紧密结合在一起，形成了二者高度统一。”②

陈来认为：“古典中华文明的哲学宇宙观是强调连续、动态、关联、关系、整体的观点……。从这种有机整体主义出发，宇宙的一切都是相互依存、相互联系的，每一事物都是在与他者的关系中显现自己的存在和价值，故人与自然、人与人、文化与文化应当建立共生和谐的关系。”③ 进而，他也把“追求多样性的和谐”视为“中华文明的普遍性理想”。他指出：“这种思想认为，不同事物的调和是事物得以产生的根本，相同事物的单纯重复或相加却不能生成。在这个意义上，他者的存在是生成新事物的前提，如五行被认为是五种最基本的元素或材料，五种不同的元素或材料相互结合而生成一切事物，

① 姜义华．中华文明的根柢．上海：上海人民出版社，2012：220.

② 同①223－224.

③ 陈来．中华文明的核心价值．北京：生活·读书·新知三联书店，2015：4.

其道理就在于此，这就是‘和而不同’的原理。这种反对单一性，认为多元性是繁盛发展的根本的思想，是一种真正的智慧。这种观点强调多元要素的配合、调和、均衡、和谐远远优越于单一性，认为单一性只能阻遏生成发展。”“差别性、多样性、他性的存在是事物生长的前提，差别的多样性的调和才是生生的根本条件。”[①] 又说：“中国古人将音乐的和谐作为处理人与人、人与社会、族群与族群、人与天地等关系的模型，对‘和’的追求也成为中国文化思想的普遍理想，塑造了中华文明的思维方式、价值取向、审美追求。”[②]

郭齐勇把“尚和”的思想追溯到中国人的宇宙观。他认为：“中国人有着天、地、人、物、我之间的相互感通、整体和谐、动态圆融的观念与智慧。中华民族长期的生存体验形成了我们对于宇宙世界的独特的觉识与‘观法’和特殊的信仰和信念，即打破了天道与性命之间的隔阂，打破了人与超自然、人与自然、人与他人、人与内在自我的隔膜，肯定彼此的对话、包含、相依相待、相成相济。与这种宇宙观念相联系的是宽容、平和的心态，有弹性的、动态统一式的中庸平衡的方法论。”[③] 由此，他也强调：“中国文化重视人与自然之间，各族群、民族

① 陈来．中华文明的核心价值．北京：生活·读书·新知三联书店，2015：70.

② 同①71.

③ 郭齐勇．中国文化精神的特质．北京：生活·读书·新知三联书店，2018：80.

之间，人与人之间的和谐统一的关系。所谓‘天人合一’，包含有经过区分天人、物我之后，重新肯定的人与自然的统一，强调的是顺应自然而不是片面征服、绝对占有自然。中国人在观念上形成了‘和而不同’‘协和万邦’‘天下一家’的文化理想，既重视各民族、族群及其文化、宗教的分别性、独特性，又重视和合性、统一性。在人与人的关系问题上，善于化解和超越分别与对立，主张仁爱、和平、和为贵与协调性，有民胞物与的理想，厚德载物，兼容并包，爱好和平，从不侵略别人，反对以力服人，主张‘远人不服，则修文德以来之’。”①

和谐社会与和谐世界

“和合”思想落脚到实践层面，就是维持各种关系的和谐，尤其是社会关系的和谐。一般来讲，社会关系具有三个基本维度：首先是人与人的关系，其次是人与社会的关系，再就是人与自然的关系。此外还可再加一个维度，即人与自身的关系。在这几种社会关系中，最基本也最重要的，是人与人的关系。因此，所谓“和谐社会”很大程度上是指人与

① 郭齐勇．中国文化精神的特质．北京：生活·读书·新知三联书店，2018：82.

人关系的和谐。

人与人的关系，可以是个人与个人的关系、个人与群体的关系、群体与群体的关系。从人类社会发展历程看，群体与群体的关系最为重要，特别是阶级阶层关系，它构成了一个社会的基本结构。对社会关系的分析，首要就是对其阶级阶层关系的分析。因此，“和谐社会”首要就是指这个社会中阶级阶层关系的和谐。

从古到今，无论处于何种地域空间、何种发展阶段的人类社会，都无不希望能够实现和谐的状态，最大限度地降低社会内部的矛盾与冲突。可以说，中华文明的“和合”思想反映了人类对一种比较理想的“和谐社会”的普遍向往。然而，马克思对人类历史特别是欧洲历史的研究表明，阶级斗争是人类社会发展的根本动力。只要有阶级存在，只要不同阶级之间的分化、矛盾与斗争尚未消失，那就不可能有绝对意义上的和谐社会存在。在任何阶级社会，所谓“和谐社会”，只是一个社会的统治阶级把这个社会所存在的阶级冲突与社会矛盾最大限度地控制在自己允许的限度内，冲突与矛盾尚未爆发出来时，这个社会所显现的相对稳定和谐的状态。

社会主义社会想要实现的是真正的平等自由基础上的和谐。一方面，它承认资本主义社会在消除身份等级制方面的进步作用；另一方面，它要把资本主义社会仅仅在抽象观念上承认的形式上的平等自由变成实质的平等自由，并为此创造经济社会条件，以实现社会与人的共同全面发展。马克思主义社会理论固然强调物质、物质生活、经济、生产力的决定作用，但同时也强调物质与精神、物质生活与精神生活、经济与政治和文化、生产力与生产关系、经济基础与上层建筑的相互联系，强调政治与政治生活、文化与文化生活、上层建筑与生产关系的巨大反作用。社会的发展进步并非单一地表现为生产力的发展和经济的增长，而是表现为社会系统内各要素的相互作用、协调发展以及由此而产生的社会整体的发展进步。

在人的自由全面发展基础上实现的社会和谐，是充分实现的社会主义社会区别于其他一切社会的显著特征与根本标志，是科学社会主义的最高命题。社会主义和谐社会，本质上应该是“以每个人的全面而自由的发展为基本原则的社会形式”①。“代替那存在着阶级和阶级对立的资产阶级旧社会的，将是这样一个联合体，在那里，每个人的自由发展是一切人的自由发展的条件”②，这个“自由人联合体”就是最高境界的和谐社会。当然，充分实现的社会主义和谐社会必须建立在一定社会发展的基础之上，其中，首先就是社会生产力的高度发展，以及生产关系与生产力、上层建筑与经济基础的相互适应，社会

① 马克思，恩格斯．马克思恩格斯全集：第23卷．北京：人民出版社，1972：649.

② 马克思，恩格斯．马克思恩格斯选集：第1卷．3版．北京：人民出版社，2012：422.

各方面因素的全面协调发展。这需要非常漫长的历程和无比艰辛的努力才可能实现。

中国特色社会主义的和合共生文明特质，一方面深深植根于中华文明传统，另一方面也借鉴吸收了马克思主义社会理论尤其是其关于“未来社会”的重要思想。中国特色社会主义的和合共生文明特质，最主要的体现就是社会主义和谐社会思想。在社会主义初级阶段，中国特色社会主义要建立的社会主义和谐社会具有特定的内涵与基本特征，它们就是胡锦涛2005年2月19日在省部级主要领导干部提高构建社会主义和谐社会能力专题研讨班上提出的“民主法治、公平正义、诚信友爱、充满活力、安定有序、人与自然和谐相处”[①]。党的十六届六中全会通过的《中共中央关于构建社会主义和谐社会若干重大问题的决定》明确提出，这六个方面是构建社会主义和谐社会的“总要求”。

同时，中国特色社会主义的和合共生文明特质也有其国际层面的体现，主要包括胡锦涛提出的“和谐世界”理念和习近平提出的“人类命运共同体”思想。

2005年4月，胡锦涛在雅加达亚非峰会上发表讲话提出，亚非国家应“倡导开放包容精神，尊重文明、宗教、价值观的多样性，尊重各国选择社会制度和发展模式的自主权，推动不

① 胡锦涛．胡锦涛文选：第2卷．北京：人民出版社，2016：285.

同文明友好相处、平等对话、发展繁荣，共同构建一个和谐世界”[①]。同年9月，胡锦涛在联合国总部发表演讲，全面阐述了“和谐世界”的深刻内涵[②]。2006年8月，胡锦涛在中央外事工作会议上指出，推动建设和谐世界，是中国坚持走和平发展道路的必然要求，也是实现和平发展的重要条件。为了推动建设和谐世界，政治上，我们要致力于同各国相互尊重、扩大共识、和谐相处，尊重各国人民自主选择社会制度和发展道路的权利，坚持各国平等参与国际事务，促进国际关系民主化；经济上，我们要致力于同各国深化合作、共同发展、互利共赢，推动共享经济全球化和科技进步的成果，促进世界普遍繁荣；文化上，我们要致力于促进不同文明加强交流、增进了解、相互促进，倡导世界多样性，推动人类文明发展进步；安全上，我们要致力于同各国加深互信、加强对话、增强合作，共同应对人类面临的各种全球性问题，促进和平解决国际争端，维护世界和地区安全稳定[③]。

党的十八大明确提出，“要倡导人类命运共同体意识，在追求本国利益时兼顾他国合理关切”[④]。2013年3月，习近平

---

① 国家主席胡锦涛在2005年亚非峰会上的讲话．(2005-04-22)[2020-12-26]．https://www.chinanews.com/news/2005/2005-04-22/26/566076.shtml.

② 胡锦涛．胡锦涛文选：第2卷．北京：人民出版社，2016：350-356.

③ 同②515-517.

④ 中共中央文献研究室．十八大以来重要文献选编：上．北京：中央文献出版社，2014：37.

在访问坦桑尼亚时谈到“中非从来都是命运共同体”①。在出席博鳌亚洲论坛2015年年会时，他提出了“通过迈向亚洲命运共同体，推动建设人类命运共同体”② 的倡议。同年9月，习近平在纽约联合国总部发表重要讲话，提出“构建以合作共赢为核心的新型国际关系，打造人类命运共同体”③。2017年10月18日，习近平在党的十九大报告中提出“坚持和平发展道路，推动构建人类命运共同体”④。“坚持推动构建人类命运共同体”被写入“十四个坚持”，作为新时代中国特色社会主义基本方略的重要组成部分。其具体内容为：“必须统筹国内国际两个大局，始终不渝走和平发展道路、奉行互利共赢的开放战略，坚持正确义利观，树立共同、综合、合作、可持续的新安全观，谋求开放创新、包容互惠的发展前景，促进和而不同、兼收并蓄的文明交流，构筑尊崇自然、绿色发展的生态体系，始终做世界和平的建设者、全球发展的贡献者、国际秩序的维护者。”⑤

---

① 习近平在坦桑尼亚发表演讲：中非永远做可靠朋友和真诚伙伴．(2013-03-26)[2020-12-26]. http://cpc.people.com.cn/n/2013/0326/c64094-20911828.html.

② 习近平主席在博鳌亚洲论坛2015年年会上的主旨演讲．(2015-03-29)[2020-12-26]. http://www.xinhuanet.com//politics/2015-03/29/c_127632707.htm.

③ 中共中央文献研究室．十八大以来重要文献选编：中．北京：中央文献出版社，2016：695.

④ 中共中央党史和文献研究院．十九大以来重要文献选编：上．北京：中央文献出版社，2019：40.

⑤ 同④18.

共生型文明

基于中国特色社会主义的和合共生文明特质，尤其是其内政外交的鲜明价值指向，我们可以把这种新型现代社会主义文明称为“共生型文明”。所谓“共生型文明”，乃基于中道思维、和合文化，有其深层次缘由。相反，那种基于极端思维、竞争文化的文明类型，可称为“分争型文明”，这种类型文明以近代西方文明为代表。所谓“分争”，主要就是社会达尔文主义所倡导的你死我活、零和博弈式的生存竞争，这一价值观实际上是把物竞天择、弱肉强食、适者生存的动物世界逻辑和丛林法则运用到人类社会的结果。

“共生”（symbiosis）一词源自古希腊语，最初是生物学概念，指生物体间的互利合作关系。引申开来，“共生”可指人类社会与自然界共通的现象，即“不同主体间通过共存互动、互补相促而产生的事物生生不息的动力和生机”[①]。Conviviality 一词也可表“共生”，其源于拉丁语，指在文化背景、理想目标、利害关系等方面不同的人们，彼此之间能够相互欣赏，尤其是尊重彼此间的差异，相互交流、相互启发、相互合

① 任晓．走向世界共生．北京：商务印书馆，2019：30.

作。这与中华文明的“和合”理念颇为契合。

《易经·系辞下》有言：“天地之大德曰生”。这“生”就是“生生不息”之“生”，就是“尊生”“重生”“崇生”“护生”，就是对生命本身及其创造性的礼赞、敬拜和护持。《易经·系辞上》有言：“富有之谓大业，日新之谓盛德，生生之谓易。”“生生”就是永不停息的生命创造过程，蕴含着无限的生机活力。从思想价值来讲，“共生”就来自“生生”的这种创造性和无限生机。从历史现实来讲，“共生”就是指族群（从亲族、宗族到种族、民族再到人类）基于费孝通所说的“差序格局”而实现的共同生存与发展。许倬云认为：“从生活共同体的角度来看，这种差序格局，就是结合一群亲缘或类亲缘关系的人口，以深度的合作，组织为一个同生死共荣辱的共同体。”① 由此来看，这个作为共生共存关系网络的生活共同体，当然也是命运共同体。

行文至此，我们已经讨论了中国特色社会主义的五大文明特质。它们当然不是对中国特色社会主义文明特质的穷尽，但应该指出了其中最为重要、最具影响力的一些方面。这五个方面的特质是分开讨论的，但我们应该把它们视为一个内在紧密关联的整体。

① 许倬云．中国文化的精神．北京：九州出版社，2018：211.

中国特色社会主义之所以“好”，最深层的原因主要就在于有此五大文明特质，这使其向着成为一种新型现代社会主义文明、一种“人类文明新形态”去发展。而我们后面将要论述的文明自信和文明战略以及文明形态，实际上都是中国特色社会主义之所以“好”的具体体现，它们也无不体现了这五大文明特质。

从体用观来讲，对文明特质的论述主要就是从“体”的层面回答中国特色社会主义为什么“好”；而从“用”的层面来回答中国特色社会主义为什么“好”，主要是从文明自信和文明战略以及文明形态三个方面展开。具体来讲，文明自信是从文明论视角对道路自信、理论自信、制度自信、文化自信“四个自信”的论述，文明战略是从文明论视角对全面建设社会主义现代化国家、全面深化改革、全面依法治国、全面从严治党“四个全面”战略布局的论述，文明形态是从文明论视角对经济建设、政治建设、文化建设、社会建设、生态文明建设“五位一体”总体布局以及构建人类命运共同体的论述。作为共生型文明的中国特色社会主义，主张“文明共生”而非“文明冲突”，这使它可以包容、吸纳、消化别的文明为自己的一部分，并与别的文明长期和谐共处，因此堪称一种更具普遍意义的文明。

文明自信篇

在改革开放的伟大实践中，中国共产党领导中国人民开创了中国特色社会主义，走出了一条中国式现代化道路，同时在实践创新的基础上不断推进理论创新，逐步形成了中国特色社会主义理论体系。2007 年 10 月，党的十七大报告指出：“改革开放以来我们取得一切成绩和进步的根本原因，归结起来就是：开辟了中国特色社会主义道路，形成了中国特色社会主义理论体系。”[①] 2012 年 11 月，党的十八大报告把“中国特色社会主义制度”与“中国特色社会主义道路”“中国特色社会主义理论体系”并列，形成道路、理论、制度三位一体，并认为三者统一于中国特色社会主义实践。2017 年 10 月，党的十九大报告提出新时代中国特色社会主义思想的“八个明确”，其中在第三个“明确”中，“强调坚定道路自信、理论自信、制

① 胡锦涛．胡锦涛文选：第 2 卷．北京：人民出版社，2016：620.

度自信、文化自信”[①]。由此形成“四个自信”，构成这里所说的“文明自信”的基本内容。

从文明论的视角来看“四个自信”，实际上也就是要充分发掘“四个自信”的文明意蕴。中国特色社会主义的“好”，深植于其内在的文明特质。同时，中国特色社会主义的“好”，以及中国特色社会主义的文明特质，必然会表现在中国特色社会主义的方方面面。中国特色社会主义道路、理论、制度、文化，无疑都体现了中国特色社会主义的文明特质，也都体现了中国特色社会主义的“好”。

以下，我们将从人间正道、理论创新、制度优势、文化自觉四个方面来论述“四个自信”，彰显出作为一种新型现代社会主义文明的中国特色社会主义，在道路、理论、制度和文化等方面的“好”。

---

① 中共中央党史和文献研究院．十九大以来重要文献选编：上．北京：中央文献出版社，2019：14.

第六章

人间正道

习近平在参观《复兴之路》展览时指出：“改革开放以来，我们总结历史经验，不断艰辛探索，终于找到了实现中华民族伟大复兴的正确道路，取得了举世瞩目的成果。这条道路就是中国特色社会主义。”① 中国特色社会主义就是中国共产党领导人民实现社会主义现代化和中华民族伟大复兴的人间正道。

从“中国道路”到“中国方案”

关于“中国道路”以及“中国模式”的讨论兴起，大概在

① 习近平．习近平谈治国理政．北京：外文出版社，2014：35.

2008年前后。一方面，这与2007年10月党的十七大报告首次明确界定“中国特色社会主义道路”（也就是“中国道路”）有关[①]；另一方面，在2008年美国爆发金融危机以及随后西方资本主义国家大范围出现经济危机和债务危机的情况下，中国仍能“风景这边独好”，较快地摆脱世界经济形势的不利影响，这无疑也是“中国道路”受到热议的重要原因。当然，更根本的原因在于，中国经济数十年来一直保持高速增长，打破了诸如“中国崩溃论”等唱衰中国的论调，探索出一条既不同于传统社会主义模式，又不同于西方资本主义国家的独立自主发展道路，使所谓的“历史终结论”归于终结，所谓的“华盛顿共识”沦于破产。

2010年，中国成为仅次于美国的世界第二大经济体。这进一步引起了西方学者对中国的关注和对“中国为什么能”的好奇，中国学者自然也开始更加严肃认真、更加自觉自信地对自己国家的发展道路展开研究。

党的十八大报告进一步完善了对“中国道路”的界定，即“中国特色社会主义道路，就是在中国共产党领导下，立足基本国情，以经济建设为中心，坚持四项基本原则，坚持改革开放，解放和发展社会生产力，建设社会主义市场经济、社会主义民主政治、社会主义先进文化、社会主义和谐社会、社会主

① 胡锦涛．胡锦涛文选：第2卷．北京：人民出版社，2016：620.

义生态文明，促进人的全面发展，逐步实现全体人民共同富裕，建设富强民主文明和谐的社会主义现代化国家”①。

可见，“中国道路”不是别的什么道路，就是中国特色社会主义道路，其实质是一条社会主义现代化之路。不过，放在近代以来中华民族救亡图存、奋发图强的历史脉络中，“中国道路”也是一条民族复兴之路。

实现社会主义现代化和中华民族伟大复兴，是中国道路的两个最基本目标。就此而言，**早在中国特色社会主义形成之前，早在新民主主义革命时期、社会主义革命与建设时期，中国道路就已处在探索之中。**习近平指出：“实现中国梦必须走中国道路。这就是中国特色社会主义道路。这条道路来之不易，它是在改革开放30多年的伟大实践中走出来的，是在中华人民共和国成立60多年的持续探索中走出来的，是在对近代以来170多年中华民族发展历程的深刻总结中走出来的，是在对中华民族5 000多年悠久文明的传承中走出来的，具有深厚的历史渊源和广泛的现实基础。中华民族是具有非凡创造力的民族，我们创造了伟大的中华文明，我们也能够继续拓展和走好适合中国国情的发展道路。”② 这就把中国道路放置到更具历史纵深感的民族复兴和文明复兴的大视野中。

① 胡锦涛．胡锦涛文选：第3卷．北京：人民出版社，2016：621.

② 习近平．习近平谈治国理政．北京：外文出版社，2014：39-40.

中国共产党领导的革命、建设与改革，所致力于实现的目标从来都是一贯的。在一个崭新的由西方资本主义国家主导的现代世界中，中国共产党带领中国人民，致力于推动近代以来处于落后挨打地位的“一穷二白”古老中国实现自身的转型再造和伟大复兴。因此，从一开始，中国道路就是落后国家的再造之路和赶超之路。由于种种条件的限制、种种机缘的凑巧，也由于自身内在的文明理想和精神追求，它最终选择了马克思主义的指导思想和社会主义的发展道路。**中国道路是以一种社会主义的方式来实现现代化，同时社会主义本身也是中国道路所追求的目标和方向。无论是现代化，还是民族复兴，都受到了这一目标和方向的规定。**

当然，中国道路主要还是一条建设和发展之路，是中国作为一个社会主义国家，探索如何从本国国情实际出发建设和发展社会主义之路。“中国道路”这一命题，实际上最初是由毛泽东提出的。鉴于苏联模式弊端的暴露和苏共二十大对斯大林的批判，从1956年起，党中央和毛泽东再次提出要将马克思主义与中国具体实践相结合。1956年4月，在中央政治局扩大会议讨论《关于无产阶级专政的历史经验》一文时，毛泽东指出，对苏共二十大，重要的问题在于我们从中得到什么教益，最重要的是要把马列主义的基本原理同中国革命和建设的具体实际相结合。民主革命时期我们在吃了大亏之后才成功地实现了这种结合，取得了中国新民主主义革命的胜利。**现在是**

社会主义革命和建设时期，我们要进行第二次结合，找出在中国怎样建设社会主义的道路[①]。当月毛泽东在中央政治局扩大会议上发表的《论十大关系》讲话，可视为中国共产党独立探索建设社会主义道路的开端。

这是一个十分艰难的探索过程，经历了非常复杂的考验。“中国道路”的最终形成，是在邓小平时期。此后以至今日，中国道路处在不断完善和继续发展中。就此而言，我们尚不赞同使用“中国模式”这一概念，因为“模式”往往意味着定型乃至固化，而中国道路则具有开放性，仍在随着中国特色社会主义的实践探索而与时俱进发展着。当然，这并非否定中国道路中具有一些相对稳定且须长期坚持的因素。

习近平在不同场合多次强调道路问题的重要性。他说：“道路问题是关系党的事业兴衰成败第一位的问题，道路就是党的生命。”[②]“道路决定命运，找到一条正确的道路多么不容易，我们必须坚定不移走下去。”[③] 正是因此，我们应该更深入地把握“中国道路”的精髓、本质与核心要义。只有这样，我们才可能在迎来了从“中国经验”到“中国道路”的飞跃之后，进而实现从“中国道路”到“中国方案”乃至最终的“中

---

① 中共中央文献研究室．毛泽东年谱（1949—1976）：第 2 卷．北京：中央文献出版社，2013：557.

② 习近平．习近平谈治国理政．北京：外文出版社，2014：21.

③ 同②36.

国模式”的飞跃。

所谓“中国方案”，是指在从世情、国情、党情实际出发的“中国道路”实践中，为了探索“中国问题”以及“人类问题”的答案，所形成的一整套理论体系、治理体系以及相应的内外战略和政策的总和。可见，中国方案与中国道路的内涵有所不同。中国方案是对更好社会制度的中国探索，也是为实现更好全球治理提供的中国答案。它是中国道路的实践成果的集成，是对中国道路的“好”的集中呈现。正是在从“中国道路”向“中国方案”的升华中，中国道路显示出它作为人间正道的真正价值和意义。

早在 2014 年春天出访德国时，习近平就提出：“我们将从世界和平与发展的大义出发，贡献处理当代国际关系的中国智慧，贡献完善全球治理的中国方案，为人类社会应对 21 世纪的各种挑战作出自己的贡献。”① 在 2016 年庆祝中国共产党成立 95 周年大会上，习近平强调：“中国共产党人和中国人民完全有信心为人类对更好社会制度的探索提供中国方案。”② 总的来看，在 2016 年“七一”讲话前，习近平使用“中国方案”一词，主要指涉全球气候治理、全球互联网治理、世界减贫和发展等国际事务领域，表示中国作为负责任大国积极参与全球

① 习近平在德国科尔伯基金会的演讲．(2014-03-29) [2021-01-25]. http://www.gov.cn/xinwen/2014-03/29/content_2649512.htm.

② 习近平．习近平谈治国理政：第 2 卷．北京：外文出版社，2017：37.

治理，对国际社会中一些重大问题和难题，中国可以提供自己的方略和答案。但“七一”讲话把“中国方案”与“人类对更好社会制度的探索”联系起来，意味着现当代中国的实践、经验和道路本身，就是中国为探索一种更加美好的社会制度所提供的答卷，从而为“中国方案”以及“中国道路”赋予了更丰富、更深刻、更根本的内涵。

现代化的方案

“中国方案”是现代化的方案。

人类社会与动物世界的根本区别，就在于人类可以有意识地努力为自身构建更好的共同体生活，而非仅仅被动地适应客观环境。如果说哲学的基本问题是不断追问“我”应该如何生活，那么政治哲学的基本问题就是不断追问“我们”应该如何生活。毫无疑问，人类文明的产生与发展，很大程度上源于最基本的物质生活的强迫，但正是人的精神意识上的能动性，体现了人之为人的卓异。可以说，自有人类社会以来，“人类对更好社会制度的探索”就注定与其相伴始终。这个“好”，不仅是物质或物理意义的，更是精神和伦理意义的。更好的社会制度，一定是能够更好地满足人们的物质文化需求，更好地满足人们的美好生活需要，更好地促进社会整体和人自身发展进步的社会制度。

在传统社会，各个民族、各种宗教、各类文明都有自己关于理想社会制度的说法。它们要么假设过去曾经存在过一个理想社会制度，要么遥想将来一个理想社会制度一定会到来，或者干脆只是在抽象观念中树立一个理想社会制度。它们有一个共同的特点，就是只能形而上学地理解理想社会制度，而看不到任何社会制度都是一定历史条件的产物，理想社会制度本身也具有历史性，人类对更好社会制度的探索是一个需要人类不断奋斗、努力争取的历史过程。不过，在从传统到现代的变迁中，过去那些僵化的认识逐渐淡出，人类在整体上已经普遍接受现代的进步观念，相信人类可以为自己创造更加美好的社会制度与生活方式。

对中国而言，“中国方案”首先是一个致力于实现从传统社会向现代社会转型的自我再造、自我更新方案。“世界潮流，浩浩荡荡，顺之则昌，逆之则亡”[①]。从鸦片战争把中国卷入全新的世界大势起，中国就只能不断往前走。“周虽旧邦，其命维新”（《诗经·大雅·文王》）。为了不致彻底沦为殖民地，为了不被“开除球籍”[②]，为了革新自强、自立于现代世界民

① 1916年9月，孙中山到浙江海宁盐官观看钱塘江大潮有感。

② 1956年8月30日，毛泽东在中国共产党第八次全国代表大会预备会议上，作《增强党的团结，继承党的传统》的讲话，号召团结一切可团结的力量，搞好建设，不然就会被开除“球籍”。

族之林，中国的仁人志士前仆后继，孜孜以求。中国最终推翻了延续数千年的君主制度，通过政治与文化的改造来引领整个社会的前进。新中国把政权建立在人民民主的崭新现代基础上，从经济、政治、文化等各方面建设新社会，为改革开放后“中国方案”的进一步发展和相对成熟提供了政治保证和制度基础。

中国的革命建国者从一开始就明确中国必须实现现代化，并且怀有一种“一万年太久，只争朝夕”（毛泽东《满江红·和郭沫若同志》）的紧迫心情，担心中国会继续、永远落后下去。在“文革”结束之后，这种心情就更加急切了。1992 年以来的中国，特别是 21 世纪以来的中国，因为市场化和全球化的步伐加快，中国的现代化进程日新月异，中国社会的“现代性”因素也不断增多，“中国方案”也随着中国特色社会主义的形成和发展而越来越引人注目。无疑，“中国方案”并非一下子就全体呈现出来，而是经历了曲折的探索和广泛的实践，并且还要继续完善和发展下去。到 21 世纪中叶，中国将建成一个社会主义现代化强国，届时“中国方案”才能真正成熟和定型。

社会主义的方案

“中国方案”是社会主义的方案。

“中国方案”使一个具有数千年悠久历史的文明古国实现

了从传统向现代的转型和新生。它首先是一个现代化方案，但同时，它又是一个社会主义的现代化方案。就此而言，如果说现代化是目标，那么社会主义就是道路或方式。只不过，因为有了社会主义的规定，“中国方案”所要实现的现代化也有了质的变化，它的不断累积与发展最终是为了实现一种更为完善更为美好的社会主义社会，不断朝向“自由人联合体”这一理想社会制度前进。就此而言，社会主义更是目标。

中国之所以选择一种社会主义的现代化方案，首先是因为别的路走不通。从传统向现代的转型，革命建国是第一要义。无论是晚清封建士大夫挽澜扶危的改良路线，还是清末民初的资产阶级革命路线，都无补于时艰，无济于国运，无动于民众。“十月革命”的成功提供了另一种可能性：要真正实现“反帝反封建”的双重任务，只有依靠以马克思主义先进理论武装的列宁主义先进政党的领导，走新民主主义、社会主义的革命道路。

在某种程度上，社会主义的“中国方案”是在巨大必然性逼迫下别无选择的选择，但同时它却又是为历史和现实所证明了的唯一正确的选择。无论是革命建设时期，还是改革开放时期，都是只有社会主义才最符合中国人民的最根本最长远利益。“唤起工农千百万”（毛泽东《渔家傲·反第一次大“围剿”》），需要社会主义；“敢教日月换新天”（毛泽东《七律·到韶山》），更需要社会主义；“一个中心、两个基本点”[①]，同

① 1987年党的十三大对党的基本路线做出的概括。

样需要社会主义。

更根本的，中国之所以选择社会主义而非别的什么主义的现代化方案，是因为社会主义本身就意味着对于更好社会制度的探索。资本主义作为一种现代化方案，曾在人类告别封建社会、迈向现代社会的进程中发挥了重要作用，但资本主义绝不是唯一的现代化方案，特别是在19世纪之后，资本主义社会本身的问题进一步凸显。科学社会主义诞生于西方资本主义世界内部，其基本着眼点一开始就是针对资本主义现代性的弊端，在批判和破坏一个旧世界的同时召唤和建设一个新世界，实现对资本主义的扬弃与超越。这为“中国方案”所深蕴的正当性和道义性提供了最基础的根据。虽然马克思没有对未来能够超越资本主义社会的社会制度提供翔实具体的描述，但它一定是一个更加自由、更加平等、更加有利于人自身的全面发展和社会整体的全面进步，因此更加美好的社会制度。它是人类发展的方向，是未来进步的指南。

具有世界历史意义的方案

“中国方案”是具有世界历史意义的方案。

世界社会主义对更好社会制度的探索，曾出现过严重失误与重大挫折，尤其是在苏东剧变之后，“历史终结论”甚嚣尘上，仿佛新自由主义主导下的资本主义自由民主制度成了全人类的终极选择。在此情势之下，中国共产党领导中国人民，既不走封闭僵化的老路，也不走改旗易帜的邪路，而是在社会主义制度的基本框架下独立自主探索出一条符合国情实际与时代需求的发展道路，极大地重塑了当代中国的面貌，使中国全方位地驶入现代化的轨道，使中华民族迎来了从站起来、富起来到强起来的伟大飞跃。毫不奇怪，正是在 2016 年“七一”讲话中说到“中国方案”时，习近平指出：“历史没有终结，也不可能被终结。中国特色社会主义是不是好，要看事实，要看中国人民的判断，而不是看那些戴着有色眼镜的人的主观臆断。”①

在 2008 年国际金融危机爆发之后，资本主义制度的痼弊再次昭明于天下，“历史终结论”的始作俑者和追随者们也没有了以往真理在握的底气，任何严肃认真的探讨者都无法忽视“中国道路”和“中国方案”所铸就的巨大成就、所提供的有益启示。在铁的事实面前，连许多过去盲目崇洋媚外的中国人也变得更加自信了。当然，我们一直认为世界上并没有一种放之四海而皆准、俟诸百世而不惑，普遍适用于所有国家的发展模式。任何国家都要从本国实际出发，探索符合自身历史文化传统和经济社会状况的发展道路。但也正是在此意义上，“中国方案”反而超出了特殊性的限制，具有了更加广泛的世界历

① 习近平．习近平谈治国理政：第 2 卷．北京：外文出版社，2017：37.

史意义。

当然，历史发展并非完全线性的，通往更好社会制度的路途注定是曲折而漫长的。人类至今取得的一切重大发展和进步，从来没有一蹴而就、轻易达成的。在进入现代资本主义社会之前，人类经历了数千年的奴隶社会和封建社会时期，人和人之间是直接的奴役被奴役、依附被依附关系，根本谈不上什么自由和平等。资本主义社会发展至今仍只有数百年的时间，科学社会主义诞生以来更是只有区区不到200年的时间。虽然人类社会前进的步伐在不断加快，但根据历史唯物主义基本原理，在一个旧的社会形态的存在所依赖的各种条件消失之前，这个社会是绝不会最终退出历史舞台的。只不过，那些有利于新的社会形态、社会制度生长壮大的条件也在不断积累着，它们不仅存在于社会主义国家，同样也存在于资本主义国家。在相当长的一个历史时期内，资本主义和社会主义大概会以一种你中有我、我中有你的状态长期共存，但一般趋势必定是社会主义因素积累得越来越多，最终实现由量变到质变的突破，社会主义最终取得更加普遍的胜利。

一个国家无论多么强大，都不可能主导整个世界结构的演变。中国从来不愿把自己的意志强加给别人，同时中国也不愿意受到别人意志的强迫。中国共产党领导中国人民进行的革命、建设和改革，一直都坚持葆有高度的主体性，过去如此，将来也是如此。**“中国方案”所具有的世界历史意义，最基本**

的一点也恰恰在于打破单一线性的历史发展模式，坚定主张各国独立自主探索本国发展道路。同样，我们绝不能因为“中国方案”的社会主义现代化指向代表人类未来进步方向就盲目乐观，而是应该时刻葆有清醒的现实感，实实在在做好自己眼前的事。中国在人口和经济方面都拥有巨大的体量，只要把自己的事情做好，把中国特色社会主义建设好，就会对整个世界的发展进步做出巨大贡献。

当然，中国共产党也相信自己正在做的事业具有重要的世界历史意义，中国特色社会主义一定会不断走向世界历史，但我们只想让事实自身去说明、去显示。党的十八大以来，党和国家事业经历了历史性变革、取得了历史性成就，中国特色社会主义进入了新时代。我们有理由相信，中国共产党一定能够领导中国人民在中华大地上建设成更加完善更加美好的社会制度，为中国人民的幸福、中国社会的进步提供根本而长久的制度保障，为人类探索更好社会制度提供具有参考借鉴价值的中国方案。

第七章

理论创新

在十九届中共中央政治局常委同中外记者见面时，习近平指出："中国共产党是世界上最大的政党。大就要有大的样子。"① 中国共产党的大，很重要的一个方面就是拥有大智慧。所谓大智慧，包括了中国共产党在革命、建设、改革不同历史时期制定的正确路线方针政策、提出的重要战略策略谋略、做出的重大决策部署，均展示出目光敏锐、高瞻远瞩、多谋善断、举要驭繁的非凡政治智慧和丰富政治经验。就其实质要义而言，中国共产党的大智慧是指在领导中国革命、建设和改革

① 习近平总书记在十九届中共中央政治局常委同中外记者见面时的讲话.(2017-10-25)［2021-01-08］. http://www.xinhuanet.com/politics/19cpcnc/2017-10/25/c_129726443.htm.

的历史进程中，中国共产党坚持把马克思主义基本原理与中国具体实际相结合，与时俱进不断推进马克思主义中国化，与时俱进不断推进理论创新，与时俱进不断推进党和国家事业的新发展。因此，中国共产党领导开创的中国特色社会主义伟业很突出的一个特点，也正是不断推进理论创新。

“真正的马克思主义”

邓小平曾说过：“我们坚信马克思主义，但马克思主义必须与中国实际相结合。只有结合中国实际的马克思主义，才是我们所需要的真正的马克思主义。”① 又说，“真正的马克思列宁主义者必须根据现在的情况，认识、继承和发展马克思列宁主义”②。真正的马克思主义者都是立足于客观实际的实践者。只有始终坚持解放思想，实事求是，与时俱进，求真务实，才是真正的马克思主义者。在推进马克思主义中国化的历史进程中，中国共产党并非没有偏离过“真正的马克思主义者”应该遵循的正确思想路线，并因此犯过这样那样的错误，但也正是在一以贯之“坚持真理，修正错误”（毛泽东语）、不断重返正

① 邓小平．邓小平文选：第 3 卷．北京：人民出版社，1993：213.

② 同①291.

确思想路线的伟大自我革命过程中，中国共产党才得以从幼稚走向成熟、从弱小走向强大、从失败走向成功。

一部中共党史，贯穿其中的一个重大主题始终是马克思主义中国化。某种意义上可以说，中国共产党的事业就是马克思主义中国化的事业。从中国共产党成立到党的十八大，党领导进行了两次伟大革命：第一次伟大革命，即新民主主义革命和社会主义基本制度的初步建立；第二次伟大革命，即十一届三中全会以来的改革开放和社会主义现代化建设。在此过程中，党带领人民推进马克思主义基本原理与中国具体实际相结合，产生了两次历史性飞跃，探索出**两条中国特色道路**：第一条道路，即中国特色的革命道路，主要是新民主主义革命道路；第二条道路，即中国特色的社会主义建设道路，也就是中国特色社会主义道路。而在理论上，马克思主义中国化两次历史性飞跃的成果是形成了中国化马克思主义的**两大理论体系**，即毛泽东思想和中国特色社会主义理论体系。

马克思、恩格斯曾把他们的学说称为“唯一科学的社会主义”①，列宁也把马克思主义称为“现代科学社会主义”②。就其内涵而言，马克思主义从一开始就是关于全世界无产阶级和全人类彻底解放的学说。不过，他们生前并没能看到普遍革命

① 马克思，恩格斯．马克思恩格斯选集：第3卷．3版．北京：人民出版社，2012：36.

② 列宁．列宁选集：第2卷．3版修订版．北京：人民出版社，2012：418.

在欧洲的成功，俄国十月革命的胜利则掀开了一国取得无产阶级革命胜利并在一国建设社会主义的序幕。因此，正像晚年马克思在研究过东方国家社会历史状况后提出的那样，未来的社会发展道路，"必须考虑到各国的制度、风俗和传统"[①]。实际上，经济文化相对落后国家的无产阶级革命多带有民族革命的性质，在其过程中，马克思主义如何与具体民族的具体实际相结合的问题必然会被摆上前台。

中国共产党领导的新民主主义革命，就是把马克思主义中国化的结果。这里讲的马克思主义，是就广义而言的，不仅包括马克思、恩格斯的思想学说，还包括传入中国的苏联化马克思主义。正是俄国十月革命一声炮响，马克思主义才得以进入中国。中国革命当时能学习的先进经验只有俄国革命，并且在中国革命的过程中，中国共产党也受到共产国际的重要影响。所以，**在中国革命中实现的马克思主义中国化的第一次历史性飞跃，不仅是对马克思主义的丰富和发展，也是对经济文化落后国家如何把马克思主义与本国革命具体实践相结合的丰富和发展。**更根本的，马克思主义中国化的第一次历史性飞跃，是中国共产党不断超越自我、战胜自我、完善自我的过程，其理论成果毛泽东思想，特别是其中的新民主主义革命思想，是以

① 马克思，恩格斯．马克思恩格斯全集：第18卷．北京：人民出版社，1964：179.

毛泽东同志为主要代表的中国共产党人在革命年代领导人民浴血奋战铸就的苦难辉煌，有着长远的价值和不朽的意义。

新中国成立后，如何在中国这样一个经济文化落后的东方大国建立社会主义制度、进行现代化建设，是摆在中国共产党面前的新的重大历史任务，也是马克思主义中国化的崭新课题。从 1949 年到 1978 年这 29 年，尤其是前 7 年，很大程度上可以说是马克思主义中国化第一次历史性飞跃的延伸，因为正是在这期间，中国共产党根据新民主主义理论进行了新民主主义向社会主义的过渡，并开辟了一条适合中国特点的社会主义改造道路，于 1956 年确立了社会主义基本制度。毛泽东思想也因此获得了进一步的丰富和发展。

同时我们也可以说，这 29 年对社会主义建设进行探索的曲折历程所积累的正反两方面经验和教训，也为马克思主义中国化的第二次历史性飞跃做了重要准备，包括提供坚强的政治保障、一定的经济基石、重要的思想条件、丰富的历史参照、宝贵的干部资源等。正如习近平所说，新中国成立后，改革开放前的历史时期与改革开放后的历史时期，“本质上都是我们党领导人民进行社会主义建设的实践探索”①。因此，我们可以把新中国成立后中国共产党对社会主义建设的实践探索史看

① 中共中央文献研究室．十八大以来重要文献选编：上．北京：中央文献出版社，2014：112.

作一个整体。**中国共产党对社会主义建设的实践探索，实现了马克思主义中国化的第二次历史性飞跃，其理论成果就是中国特色社会主义理论体系。**

党的十七大报告指出："中国特色社会主义理论体系，就是包括邓小平理论、'三个代表'重要思想以及科学发展观等重大战略思想在内的科学理论体系。"[①] 中国特色社会主义理论体系坚持和发展了马克思列宁主义、毛泽东思想，凝结了几代中国共产党人带领中国人民不懈探索实践的智慧和心血，是党的宝贵的政治和精神财富。

理论体系的形成和发展

虽然中国特色社会主义理论体系的开创是在改革开放之后，但在改革开放之前，中国共产党已经有了一定的理论准备。这主要体现在八大前后，以毛泽东同志为主要代表的中国共产党人以苏为鉴，开拓创新，对中国如何从自身实际出发建设社会主义进行了十分宝贵的理论探索，其中最重要的论述当属《论十大关系》。

《论十大关系》确定了一个基本方针和怎样建设社会主义

① 胡锦涛．胡锦涛文选：第 2 卷．北京：人民出版社，2016：621.

的基本指导思想，这就是“尽量争取化消极因素为积极因素”[①]，“努力把党内党外、国内国外的一切积极的因素，直接的、间接的积极因素，全部调动起来，把我国建设成为一个强大的社会主义国家”[②]。毛泽东强调：“我们要学的是属于普遍真理的东西，并且学习一定要与中国实际相结合。如果每句话，包括马克思的话，都要照搬，那就不得了。”[③] 这就明确了建设社会主义必须根据本国情况走自己的道路这一根本性的指导思想，强化了国情特殊性对于社会主义建设的重要意义，实际上否定了苏联模式的单一性，强调各国建设社会主义的多样性，形成“走自己的路”的鲜明思想，体现了党在社会主义建设的艰苦探索中主体性意识的觉醒。

可惜八大的正确路线后来没能很好地坚持下去，在备尝社会主义建设探索历程中的艰辛曲折后，党的十一届三中全会终于实现伟大转折，党和国家重新回到正确轨道。从 1978 年底党的十一届三中全会到党的十四大，我们党在改革开放的实践中不断丰富对中国特色社会主义道路的认识，逐步形成中国特色社会主义理论。这一理论的形成，主要经历了三个发展阶段：

第一个阶段是从 1978 年底党的十一届三中全会到 1982 年

---

① 毛泽东．毛泽东文集：第 7 卷．北京：人民出版社，1999：23.
② 同①44.
③ 同①42.

党的十二大，在拨乱反正和改革起步的过程中，邓小平建设有中国特色的社会主义理论渐有雏形。

从党的十一届三中全会开始，中国共产党认真清理和纠正过去“左”的错误，胜利完成指导思想上的拨乱反正，并通过历史经验的总结和改革开放的实践，重新进行马克思主义基本原理与中国社会主义建设实践的正确结合。在此过程中，在邓小平的指导下，党提出有关中国社会主义建设的一系列新的方针和政策，形成了关于“什么是社会主义、怎样建设社会主义”的若干新认识。

1981 年《关于建国以来党的若干历史问题的决议》把这些新的认识成果概括为 10 个主要观点，这一概括可视为邓小平建设有中国特色社会主义理论的雏形。在党的十二大上，邓小平提出“建设有中国特色的社会主义”，使党实现马克思主义中国化第二次历史性飞跃及这次飞跃的理论成果有了鲜明主题。

第二个阶段是从 1982 年党的十二大到 1987 年党的十三大，在改革开放全面展开的过程中，邓小平建设有中国特色的社会主义理论形成基本轮廓。

改革开放全面展开，经历了从农村改革到城市改革、从经济体制改革到各方面体制改革、从对内搞活到对外开放的波澜壮阔的发展过程。改革的深入迫切要求理论指导。这一时期邓小平多次提出要弄清“什么是社会主义、怎样建设社会主义”这个首要的基本理论问题。1984 年 10 月，党的十二届三中全会通过的《中共中央关于经济体制改革的决定》，提出社会主义经济是“公有制基础上的有计划的商品经济”[①]，突破了把计划经济同商品经济对立起来的传统观念。

1987年，党的十三大系统阐述了社会主义初级阶段理论。它同社会主义商品经济理论一起，成为马克思主义中国化进程中的两大新成果，对改革开放提供了有力的理论指导。党的十三大还高度评价党的十一届三中全会以来开辟建设有中国特色的社会主义道路的伟大意义，将其称为马克思主义与中国实践相结合的第二次历史性飞跃，并将这次飞跃的理论成果称为“建设有中国特色的社会主义理论”，同时论列了这一理论的12个主要观点[②]。

第三个阶段是从党的十三大到党的十四大，邓小平建设有中国特色社会主义理论走向成熟，形成科学体系。

20世纪80年代末90年代初，中国改革进入攻坚阶段，国内国际相继发生政治风波。在这个重大历史关头，中国共产党紧紧依靠人民，坚定不移地坚持四项基本原则，维护国家的独立、安全和稳定，毫不动摇地坚持以经济建设为中心，坚定地推进改革开放。中国特色社会主义建设事业不仅顺利地经受

① 中共中央文献研究室．十二大以来重要文献选编：中．北京：中央文献出版社，2011：56.

② 中共中央文献研究室．十三大以来重要文献选编：上．北京：中央文献出版社，2011：47－48.

住了严峻考验，而且指导这一事业的理论——邓小平建设有中国特色的社会主义理论，也得到了进一步完善。

1992年初，邓小平南方谈话对十一届三中全会以来党的基本经验做了进一步总结，从理论上深刻回答了长期困扰和束缚人们思想的许多重大问题，不仅标志着邓小平的思想升华到了一个新的高度，也使全党对建设有中国特色的社会主义理论的认识达到了一个新境界。随后，党的十四大在上述理论推进基础上，对建设有中国特色的社会主义理论的内容做了新的概括，并首次使用了“邓小平同志建设有中国特色社会主义理论”这一提法。

党的十四大报告概括了“邓小平同志建设有中国特色社会主义理论”的九个方面，表明邓小平同志建设有中国特色社会主义理论已形成比较完整的科学体系。党的十四大报告高度评价这个理论的伟大意义，指出它“第一次比较系统地初步回答了中国这样的经济文化比较落后的国家如何建设社会主义、如何巩固和发展社会主义的一系列基本问题，用新的思想、观点，继承和发展了马克思主义”①，“是马克思列宁主义基本原理与当代中国实际和时代特征相结合的产物，是毛泽东思想的继承和发展”②，“是当代中国的马克思主义，是指引我们实现

① 中共中央文献研究室．十四大以来重要文献选编：上．北京：中央文献出版社，2011：9.

② 同①12.

新的历史任务的强大思想武器”①。

党的十五大报告进一步阐述了邓小平建设有中国特色社会主义理论的历史地位，并首次使用“邓小平理论”的提法。党的十五大报告强调：“马克思列宁主义、毛泽东思想一定不能丢，丢了就丧失根本。同时一定要以我国改革开放和现代化建设的实际问题、以我们正在做的事情为中心，着眼于马克思主义理论的运用，着眼于对实际问题的理论思考，着眼于新的实践和新的发展。离开本国实际和时代发展来谈马克思主义，没有意义。静止地孤立地研究马克思主义，把马克思主义同它在现实生活中的生动发展割裂开来、对立起来，没有出路。”②

党的十三届四中全会后，以江泽民同志为主要代表的中国共产党人，准确把握时代特征，科学判断中国共产党所处的历史方位，围绕建设中国特色社会主义这个主题，在建设中国特色社会主义的实践中加深了对“什么是社会主义、怎样建设社会主义”和“建设什么样的党、怎样建设党”的认识，尤其是集中全党智慧，按照党的建设新的伟大工程的目标，从思想上、组织上、作风上全面加强党的建设，通过回答“建设什么样的党、怎样建设党”这样一个根本性问题，以马克思主义的巨大理论勇气推进理论创新，提出了“三个代表”重要思想。

---

① 中共中央文献研究室．十四大以来重要文献选编：上．北京：中央文献出版社，2011：34.

② 江泽民．江泽民文选：第2卷．北京：人民出版社，2006：12.

到党的十六大，我们党正式把“三个代表”重要思想确立为党的指导思想。“三个代表”重要思想作为马克思主义与当代中国实践和时代特征相结合的第二次历史性飞跃的又一伟大成果，把马克思主义推进到了新的理论高度，赋予马克思主义新的时代内涵，创造性地丰富和发展了中国特色社会主义理论。

党的十六大后，以胡锦涛同志为主要代表的中国共产党人根据新的发展要求，立足社会主义初级阶段的基本国情，通过不断总结我国的发展经验和借鉴国外的发展经验，初步回答了我们要“实现什么样的发展、怎样发展”等重大理论和实践问题，提出了科学发展观等一系列重大战略思想。党的十七大把科学发展观写入党章，大会报告指出：“科学发展观，第一要义是发展，核心是以人为本，基本要求是全面协调可持续，根本方法是统筹兼顾。”① 党的十八大进一步把科学发展观确立为党的指导思想。

总之，邓小平理论、“三个代表”重要思想以及科学发展观等重大战略思想，构成中国特色社会主义理论体系的主体内容。作为一个一脉相承的有机整体，它们都坚持以马克思列宁主义、毛泽东思想为指导，它们回答的首要基本问题都是“什么是社会主义、怎样建设社会主义”，它们立足的基本国情都

---

① 胡锦涛．胡锦涛文选：第 2 卷．北京：人民出版社，2016：623.

是中国特色社会主义初级阶段，它们所要实现的奋斗目标都是中国的社会主义现代化和中华民族的伟大复兴。一句话，它们的理论主题都是中国特色社会主义。同时，这些理论成果又在围绕同一主题的前提下，坚持从实际出发，注重总结改革开放不同时期、不同阶段的新鲜经验，注重探索和回答不同时期、不同阶段遇到的新矛盾、新问题，呈现出不尽相同的理论底色。

新时代新思想

中国特色社会主义理论体系是不断发展的、开放的理论体系，它的内容也会不断地丰富和发展。党的十八大以来，以习近平同志为核心的党中央，科学把握国内外发展大势，顺应实践要求和人民愿望，从理论和实践上系统回答了“新时代坚持和发展什么样的中国特色社会主义、怎样坚持和发展中国特色社会主义”“建设什么样的社会主义现代化强国、怎样建设社会主义现代化强国”“建设什么样的长期执政的马克思主义政党、怎样建设长期执政的马克思主义政党”等重大课题，创立了习近平新时代中国特色社会主义思想，实现了马克思主义中国化新的飞跃。

中国特色社会主义进入新时代，这是一个需要理论而且一定能够产生理论的时代，是一个需要思想而且一定能够产生思想的时代。习近平新时代中国特色社会主义思想作为马克思主义中国化的最新成果，正是在中国社会主要矛盾发生变化、中国特色社会主义进入新时代、科学社会主义迈向新阶段、当代世界经历新变局、党面临执政新考验的条件下形成和发展起来的。坚持和发展中国特色社会主义，像一条红线一样贯穿这一思想始终。

党的十九大提出了“八个明确”和“十四个坚持”。“八个明确”是习近平新时代中国特色社会主义思想的核心内容，系统回答了新时代坚持和发展什么样的中国特色社会主义这一重大问题，集中反映了党对马克思主义在当代中国最新发展的理论思考和理论贡献。“十四个坚持”作为新时代中国特色社会主义基本方略，是对党的治国理政重大方针、原则的最新概括，从理论和实践的结合上全面回答了新时代怎样坚持和发展中国特色社会主义的问题，是实现“两个一百年”奋斗目标、实现中华民族伟大复兴的“路线图”和“方法论”。“八个明确”和“十四个坚持”有机融合、有机统一，体现了理论与实际相结合、战略和战术相一致、认识论和方法论相统一的理论特色，凝结着党坚持和发展中国特色社会主义的经验总结，体现了以习近平同志为核心的党中央对中国特色社会主义规律性认识的深化、拓展、升华。

不过，党的十九大提出习近平新时代中国特色社会主义思想并将其确立为党的指导思想，并不意味着理论创新的终结，而只是一个新的起点。它仍需要在实践创新和理论创新的互动中不断丰富和发展。党的十九大以来，以习近平同志为核心的党中央，一方面在这一新思想指导下不断进行实践创新；另一方面继续推进实践创新基础上的理论创新，使这一新思想得到不断丰富和发展。

在关于新时代中国特色社会主义的总体论述中，《习近平谈治国理政（第三卷）》就提出了一些新命题新论断。比如，“新时代中国特色社会主义是我们党领导人民进行伟大社会革命的成果，也是我们党领导人民进行伟大社会革命的继续，必须一以贯之进行下去”①。这里用“伟大社会革命”把我们党自成立以来领导人民进行的百年奋斗历程统贯了起来。

比如，“领导干部要胸怀两个大局，一个是中华民族伟大复兴的战略全局，一个是世界百年未有之大变局，这是我们谋划工作的基本出发点”②。这里为国内国际两个大局赋予新时代意涵，特别是“百年未有之大变局”的提出，有助于我们更深刻地把握习近平新时代中国特色社会主义思想产生的时代背景、具有的世界意义。

比如，“中国特色社会主义制度是一个严密完整的科学制

---

① 习近平．习近平谈治国理政：第 3 卷．北京：外文出版社，2020：69－70.

② 同①77.

度体系，起四梁八柱作用的是根本制度、基本制度、重要制度，其中具有统领地位的是党的领导制度。党的领导制度是我国的根本领导制度”[①]。这里无疑丰富了我们对于中国特色社会主义制度作为科学制度体系的认识，拓展了我们对于“中国特色社会主义最本质的特征是中国共产党领导，中国特色社会主义制度的最大优势是中国共产党领导”的理解。

党的十九大以来习近平关于新时代中国特色社会主义事业各个方面的论述，均反映了我们党在新的历史起点上为继续推进中国特色社会主义在新时代的新发展所进行的理论创新。这些内容无疑是很丰富的，总体来看，新时代中国特色社会主义事业有一个显著特点，那就是各个方面的工作都越来越聚焦于制度建设，越来越朝向一个明确的目标，那就是党的十九届四中全会提出的“坚持和完善中国特色社会主义制度、推进国家治理体系和治理能力现代化”。换言之，新时代中国特色社会主义基于实践创新的理论创新，将围绕着完善和发展我国国家制度和治理体系、推进国家治理现代化而展开。这已成为一种新的高度自觉。

习近平在庆祝中国共产党成立 100 周年大会上的讲话，闪耀着理论创新的光芒，提出了许多新思想新观点新论断。比如，把中国共产党百年奋斗历程概括为一个主题，即实现中

---

① 习近平．习近平谈治国理政：第 3 卷．北京：外文出版社，2020：125.

华民族伟大复兴；用32个字提炼概括了“伟大建党精神”，并视为中国共产党的精神之源；提出了“两个结合”，即“把马克思主义基本原理同中国具体实际相结合、同中华优秀传统文化相结合”①，突出了“同中华优秀传统文化相结合”的重要性；提出了“人类文明新形态”这一概念，把我们党对中国特色社会主义的认识提升到新的更高境界；等等。

党的十九届六中全会通过的《中共中央关于党的百年奋斗重大成就和历史经验的决议》，则进一步把习近平新时代中国特色社会主义思想的核心内容从“八个明确”扩展到“十个明确”，使其理论体系和内在逻辑都更加完善。“十个明确”把“明确中国特色社会主义最本质的特征是中国共产党领导”提到首位，把“明确必须坚持和完善社会主义基本经济制度”补充进来，并在各条具体表述中，增加了“全党必须增强‘四个意识’、坚定‘四个自信’、做到‘两个维护’”“以中国式现代化推进中华民族伟大复兴”“发展全过程人民民主”“以伟大自我革命引领伟大社会革命”等内容。《决议》强调：“习近平新时代中国特色社会主义思想是当代中国马克思主义、二十一世纪马克思主义，是中华文化和中国精神的时代精华，实现了马克思主义中国化新的飞跃。党确立习近平同志党中央的核心、

① 习近平．在庆祝中国共产党成立100周年大会上的讲话．人民日报，2021-07-02（2）.

全党的核心地位，确立习近平新时代中国特色社会主义思想的指导地位，反映了全党全军全国各族人民共同心愿，对新时代党和国家事业发展、对推进中华民族伟大复兴历史进程具有决定性意义。”①

实践创新永无止境，理论创新永无止境。在纪念马克思诞辰200周年大会上，习近平强调：“科学社会主义基本原则不能丢，丢了就不是社会主义。同时，科学社会主义也绝不是一成不变的教条。”“理论的生命力在于不断创新，推动马克思主义不断发展是中国共产党人的神圣职责。”② 立足于中国共产党成立百年新的历史起点，胸怀中华民族伟大复兴战略全局和世界百年未有之大变局，开启全面建设社会主义现代国家新征程，中国共产党人必将在不断推进马克思主义中国化的新飞跃中显示新的伟大智慧，进行新的伟大创造，取得新的伟大成就，谱写新的伟大篇章。习近平新时代中国特色社会主义思想的不断丰富和发展，一定会不断开辟当代中国马克思主义、21世纪马克思主义新境界，一定会使“中华文化和中国精神的时代精华”都发出更加璀璨的光芒。

---

① 中国共产党第十九届中央委员会第六次全体会议文件汇编．北京：人民出版社，2021：48.

② 习近平．习近平谈治国理政：第3卷．北京：外文出版社，2020：76.

第八章

制度优势

胡锦涛在庆祝中国共产党成立 90 周年大会上的讲话，首次把中国特色社会主义制度与中国特色社会主义道路、中国特色社会主义理论体系并列，强调“中国特色社会主义制度，是当代中国发展进步的根本制度保障，集中体现了中国特色社会主义特点和优势”①。

党的十八大报告概括指出：“中国特色社会主义制度，就是人民代表大会制度的根本政治制度，中国共产党领导的多党合作和政治协商制度、民族区域自治制度以及基层群众自治制度等基本政治制度，中国特色社会主义法律体系，公有制为主

① 胡锦涛．胡锦涛文选：第 3 卷．北京：人民出版社，2016：527.

体、多种所有制经济共同发展的基本经济制度，以及建立在这些制度基础上的经济体制、政治体制、文化体制、社会体制等各项具体制度。”①

党的十九届四中全会通过的《中共中央关于坚持和完善中国特色社会主义制度 推进国家治理体系和治理能力现代化若干重大问题的决定》（简称《决定》），通过“十三个坚持和完善”进一步论述了中国特色社会主义制度体系，并在党的历史上第一次对这一制度体系的显著优势进行了系统总结。

制度自信的底气

在庆祝中国共产党成立95周年大会上，习近平郑重指出：“当今世界，要说哪个政党、哪个国家、哪个民族能够自信的话，那中国共产党、中华人民共和国、中华民族是最有理由自信的。”② 然而，有理由自信并不意味着真的自信。苏东剧变一度使世界社会主义事业遭受巨大挫折，在甚嚣尘上的“历史终结论”的聒噪中，仿佛美国式的资本主义民主制成了人类别无选择的最终皈依，社会主义被认为已无前途。而流行的现代

① 胡锦涛．胡锦涛文选：第3卷．北京：人民出版社，2016：622.

② 习近平．习近平谈治国理政：第2卷．北京：外文出版社，2017：36.

化理论，无不以西方发达资本主义国家为模板，在其衡量之下，包括中国在内的广大发展中国家，自然就被认为仍是“传统的”“前现代的”，亦即“落后的”“不文明的”。因此，其现有制度不管如何切实有效，往往还是被视为需要进行“转型”的暂时存在。

2008年国际金融危机爆发以来，西方发达资本主义国家不断暴露出一些深层次的矛盾和问题。党的十八大以来，“中国之治”与频频显现的“西方之乱”形成了鲜明对照。由此，越来越多的人开始认真反思治乱现象背后的制度根源，那种对西方制度神话的盲目迷信越来越没有市场，越来越不得人心。同时，人们也开始愈加清醒地认识到，中国特色社会主义取得的伟大成就与中国的制度优势密不可分。正如习近平所指出的，**“中华民族之所以能迎来从站起来、富起来到强起来的伟大飞跃，最根本的是因为党领导人民建立和完善了中国特色社会主义制度，形成和发展了党的领导和经济、政治、文化、社会、生态文明、军事、外事等各方面制度，不断加强和完善国家治理”**[①]。

系统总结中国特色社会主义制度的显著优势，可谓“自我肯定”之于“自我否定”的胜利。有了这种精神上的主动，我们可以非常自信地说，“这里有蔷薇，就在这里跳舞罢”[②]。我

① 习近平．习近平谈治国理政：第3卷．北京：外文出版社，2020：119.

② 黑格尔．法哲学原理．范扬，张企泰，译．北京：商务印书馆，1979：12.

们不需要到别处去寻找我们所需要的制度，我们所需要的，就是坚持和完善中国特色社会主义制度。

邓小平曾深刻指出："我们评价一个国家的政治体制、政治结构和政策是否正确，关键看三条：第一是看国家的政局是否稳定；第二是看能否增进人民的团结，改善人民的生活；第三是看生产力能否得到持续发展。"[①] 在庆祝全国人民代表大会成立60周年大会上，习近平也就"评价一个国家政治制度是不是民主的、有效的"提出了"八个能否"[②] 标准。衡量一个社会制度是否科学、是否先进，主要应该看其是否符合国情、是否有效管用、是否得到人民拥护。习近平指出："我国国家制度和国家治理体系管不管用、有没有效，实践是最好的试金石。"[③] 只有扎根本国土壤、汲取充沛养分的制度，才最可靠，也最管用。

中国特色社会主义制度是党和人民在长期实践探索中形成的科学制度体系，是被实践充分证明了的、切实行之有效、非常管用的制度和治理体系。系统总结中国特色社会主义制度的显著优势，为我们坚定"四个自信"提供了扎实有力、令人信服的基本依据。很大程度上，它破解了"中国奇迹"和"中国之治"背后的制度密码，并初步系统地回答了"中国道路"为什么

① 邓小平．邓小平文选：第3卷．北京：人民出版社，1993：213.
② 习近平．习近平谈治国理政：第2卷．北京：外文出版社，2017：287.
③ 习近平．习近平谈治国理政：第3卷．北京：外文出版社，2020：124.

行和“中国方案”为什么好，充分彰显了制度自信的深厚底气。

制度优势的总体效应

在庆祝全国人民代表大会成立 60 周年大会上，习近平曾论述过中国特色社会主义政治制度四个方面的优势：“这样一套制度安排，能够有效保证人民享有更加广泛、更加充实的权利和自由，保证人民广泛参加国家治理和社会治理；能够有效调节国家政治关系，发展充满活力的政党关系、民族关系、宗教关系、阶层关系、海内外同胞关系，增强民族凝聚力，形成安定团结的政治局面；能够集中力量办大事，有效促进社会生产力解放和发展，促进现代化建设各项事业，促进人民生活质量和水平不断提高；能够有效维护国家独立自主，有力维护国家主权、安全、发展利益，维护中国人民和中华民族的福祉。”[①] 在此基础上，《决定》进一步拓展开来，进行了新的概括，从 13 个方面系统总结了中国特色社会主义制

---

① 习近平．习近平谈治国理政：第 2 卷．北京：外文出版社，2017：288. 中共中央政治局 2019 年 9 月 24 日下午就“新中国国家制度和法律制度的形成和发展”举行集体学习，习近平在讲话中也特别强调了四种制度优势，即坚持党的领导的优势、保证人民当家作主的优势、坚持全面依法治国的优势和实行民主集中制的优势。参见：http：//www.xinhuanet.com/politics/leaders/2019－09/24/c_1125035490.htm.

度的显著优势①。

十三个显著优势的内容涉及党的领导、人民当家作主、依法治国、全国一盘棋、民族平等、经济、文化、民生、自我完善、人才、军队、“一国两制”、外交等。每一方面的论述，又都包括制度原则和制度目标两个层次。比如第一个方面的论述，“坚持党的集中统一领导，坚持党的科学理论”是制度原则，“保持政治稳定，确保国家始终沿着社会主义方向前进”是制度目标。再如第四个方面的论述，“坚持全国一盘棋”是制度原则，“调动各方面积极性，集中力量办大事”是制度目

① “我国国家制度和国家治理体系具有多方面的显著优势，主要是：坚持党的集中统一领导，坚持党的科学理论，保持政治稳定，确保国家始终沿着社会主义方向前进的显著优势；坚持人民当家作主，发展人民民主，密切联系群众，紧紧依靠人民推动国家发展的显著优势；坚持全面依法治国，建设社会主义法治国家，切实保障社会公平正义和人民权利的显著优势；坚持全国一盘棋，调动各方面积极性，集中力量办大事的显著优势；坚持各民族一律平等，铸牢中华民族共同体意识，实现共同团结奋斗、共同繁荣发展的显著优势；坚持公有制为主体、多种所有制经济共同发展和按劳分配为主体、多种分配方式并存，把社会主义制度和市场经济有机结合起来，不断解放和发展社会生产力的显著优势；坚持共同的理想信念、价值理念、道德观念，弘扬中华优秀传统文化、革命文化、社会主义先进文化，促进全体人民在思想上精神上紧紧团结在一起的显著优势；坚持以人民为中心的发展思想，不断保障和改善民生、增进人民福祉，走共同富裕道路的显著优势；坚持改革创新、与时俱进，善于自我完善、自我发展，使社会始终充满生机活力的显著优势；坚持德才兼备、选贤任能，聚天下英才而用之，培养造就更多更优秀人才的显著优势；坚持党指挥枪，确保人民军队绝对忠诚于党和人民，有力保障国家主权、安全、发展利益的显著优势；坚持‘一国两制’，保持香港、澳门长期繁荣稳定，促进祖国和平统一的显著优势；坚持独立自主和对外开放相统一，积极参与全球治理，为构建人类命运共同体不断作出贡献的显著优势。”（中国共产党第十九届中央委员会第四次全体会议文件汇编．北京：人民出版社，2019：19－21）

标。把制度优势转化为治理效能，需要经由具体的制度实践，贯彻实施制度原则，顺利实现制度目标。

十三个显著优势中，前五个优势（党的领导、人民当家作主、依法治国、全国一盘棋、民族平等）和后五个优势（自我完善、人才、军队、“一国两制”、外交）均可纳入政治优势中，另外还有经济、文化、民生（社会）三个优势。需要强调的是，“十三个显著优势”与“十三个坚持和完善”并非一一对应关系，比如行政体制、社会治理制度、生态文明制度体系、党和国家监督体系四个方面的“坚持和完善”就不在“十三个显著优势”中，说明这四个方面制度的优势并不明显，或者并无优势，甚或还有比较大的短板。

“十三个坚持和完善”构成了中国特色社会主义制度体系，而每一个需要“坚持和完善”的制度，也都是一个相对独立而又彼此衔接的制度体系。当然，关键还是所有这些具体的制度体系都属于中国特色社会主义制度，它们都只是一个总的制度体系的构成部分。因此，我们对十三个显著优势的理解，也应该更注重总体把握。中国特色社会主义制度的十三个显著优势，不是十三个具体制度的显著优势的简单累加，而是由各个具体制度构成的一个总的有机制度体系的显著优势的具体表现。

总体来看，十三个显著优势有一个重要特征，就是政治方面的优势起到了主导作用。如前所言，一共有十个方面优势均可纳入政治优势。其中前三个方面政治优势合在一起，也就是坚持党的领导、人民当家作主和依法治国的有机统一，实际上构成了中国特色社会主义政治发展道路所具有的总的政治优势。而在这三位一体、有机统一的三个因素中，党的领导最为关键。正如习近平所强调的，“具有统领地位的是党的领导制度。党的领导制度是我国的根本领导制度”[①]。也就是说，政治优势在十三个显著优势中的主导作用，最关键的是通过党的领导制度优势得以发挥。

马克思主义政治学理论认为，政治在社会经济生活中具有首要性。“由于政治是统率、是灵魂，贯穿于各项工作之中，因而它就不是局部的问题，而是涉及整体和全局；反之，凡是关系到整体和全局的事情，必然也具有政治性。”[②] **作为一个总的有机制度体系，中国特色社会主义制度的显著优势是在整体和全局意义上讲的，具有高度的政治性，因此其中居于主导地位的必然也是政治制度优势。**

中国特色社会主义制度所具有的这种基于政治制度优势，尤其是党的领导制度优势的显著优势，我们可以把它概括为“混一”（亦作“混壹”）[③]。**所谓“混一”，从字面看，就是把**

---

① 习近平．习近平谈治国理政：第3卷．北京：外文出版社，2020：125.

② 王沪宁．政治的逻辑．上海：上海人民出版社，2016：361.

③ 《战国策·楚策一》：“夫以一诈伪反覆之苏秦，而欲经营天下，混一诸侯，其不可成也亦明矣”；《汉书·翟方进传》：“同律度量，混壹风俗”；《晋书·谢安传》：“安方欲混一文轨，上疏求自北征”；罗贯中《风云会》第三折：“天下虽未混一，南征北伐，今其时也”。

不同的事物混合为一体；从哲学上讲，就是多样性与一致性的辩证统一；反映到政治生活中，就是毛泽东所说的“在全党形成又有集中又有民主、又有纪律又有自由、又有统一意志又有个人心情舒畅生动活泼的政治局面”[①]；而就中国特色社会主义制度的显著优势而言，就是在中国共产党的坚强领导下，团结一切可以团结的力量，调动一切积极因素，组成最广泛的统一战线，为实现社会主义现代化和中华民族伟大复兴而共同奋斗。以此来看十三个显著优势，我们会发现“混一”可以说是贯穿其中的灵魂和主线，每一个显著优势都体现“混一”，并朝向“混一”。

实际上，作为我们党和国家根本组织原则的“民主集中制”，就是对“混一”的制度呈现，也可用“民主集中”来对中国特色社会主义制度的显著优势进行总体概括。毛泽东在《新民主主义论》中论述新民主主义国家的政体时就强调过，“这种制度即是民主集中制”[②]。1956 年党的八大报告在论述“国家的政治生活”部分时明确指出：“我们的国家制度是高度的民主和高度的集中的结合。这个制度已经在我国过去几年的历史中表现了它的优越性。”[③] 邓小平曾指出：“民主集中制也

① 中共中央文献研究室．建国以来毛泽东文稿：第 6 册．北京：中央文献出版社，1992：321，543.

② 毛泽东．毛泽东选集：第 2 卷．2 版．北京：人民出版社，1991：677.

③ 中共中央文献研究室．建国以来重要文献选编：第 9 册．北京：中央文献出版社，2011：74.

是我们的优越性。这种制度更利于团结人民”[①]，“这个制度是最便利的制度，最合理的制度，是我们的根本制度”[②]。习近平也强调，“我们要坚持和完善民主集中制的制度和原则，促使各类国家机关提高能力和效率、增进协调和配合，形成治国理政的强大合力”[③]，真正把民主集中制的优势变成我们党的政治优势、组织优势、制度优势、工作优势[④]。总之，民主集中制可以说是中国特色社会主义制度总体上奉行的根本原则，十三个显著优势均贯彻了这一原则，体现了这一原则。

制度的历史根基

深入理解中国特色社会主义制度的显著优势，一定要看到它植根于中国自身的历史社会土壤中。习近平指出：**“一个国家选择什么样的治理体系，是由这个国家的历史传承、文化传统、经济社会发展水平决定的，是由这个国家的人民决定的。**

---

① 邓小平．邓小平文选：第3卷．北京：人民出版社，1993：257.

② 中共中央文献研究室．邓小平年谱（1975—1997）．北京：中央文献出版社，2004：1351.

③ 习近平．习近平谈治国理政：第2卷．北京：外文出版社，2017：290.

④ 中共中央政治局召开民主生活会　习近平主持会议并发表重要讲话．(2018－12－26)［2020－01－23］．http：//www.xinhuanet.com/politics/2018－12/26/c_1123909688.htm.

我国今天的国家治理体系，是在我国历史传承、文化传统、经济社会发展的基础上长期发展、渐进改进、内生性演化的结果。”[1] 又说，“中国特色社会主义制度和国家治理体系不是从天上掉下来的，而是在中国的社会土壤中生长起来的”[2]。大概来讲，中国特色社会主义制度的历史根基包括古代中国的制度文明、根据地时期的制度探索、新中国成立后的制度奠基和改革开放后的制度发展。

中华民族在几千年的历史演进中创造了灿烂的古代文明，形成了关于国家制度和国家治理的丰富思想。这些思想，“包括大道之行、天下为公的大同理想，六合同风、四海一家的大一统传统，德主刑辅、以德化人的德治主张，民贵君轻、政在养民的民本思想，等贵贱均贫富、损有余补不足的平等观念，法不阿贵、绳不挠曲的正义追求，孝悌忠信、礼义廉耻的道德操守，任人唯贤、选贤与能的用人标准，周虽旧邦、其命维新的改革精神，亲仁善邻、协和万邦的外交之道，以和为贵、好战必亡的和平理念，等等”[3]。

中国共产党所崇奉的制度理念、所遵循的治国主张，许多都能从中找到渊源。比如，毛泽东在《论人民民主专政》中多

---

① 习近平．习近平谈治国理政．北京：外文出版社，2014：105.

② 习近平．习近平谈治国理政：第3卷．北京：外文出版社，2020：119.

③ 同②120.

次提到，我们将来要实现的社会就是“大同境域”[①]；邓小平在会见日本首相大平正芳时提出的“小康”[②]，也是与“大同”有内在联系的概念；我国的民族区域自治制度和“一国两制”背后的政治理念，实际上着眼于大一统传统在现代的继承和发展；中国共产党选拔干部，同样重德，强调“德才兼备，以德为先”，当然也赋予“德”新的时代内涵；我国在处理国与国关系时提出和平共处五项原则，一直高举和平与发展的大旗，倡导共建人类命运共同体，也是有历史基因的。

中国在人类发展史上曾经长期处于领先地位，自古以来逐步形成了一整套为周边国家和民族所学习和模仿的国家制度和国家治理体系。这些制度，“包括朝廷制度、郡县制度、土地制度、税赋制度、科举制度、监察制度、军事制度等各方面制度在内”[③]。对于我国古代的这些制度，要辩证地看，不宜笼统地贴上“封建落后”“腐朽反动”的标签。黑格尔曾把古代中国称为“仅仅属于空间的国家”，“这部历史，在大部分上还是非历史的，因为它只是重复着那终古相同的庄严的毁灭”[④]，也就是把古代中国历史视为君主覆灭的一再重复，从中没有产生任何进步。这是完全从负面进行评价。事实上，我们也可从

① 毛泽东．毛泽东选集：第4卷．2版．北京：人民出版社，1991：1469.

② 邓小平．邓小平文选：第2卷．2版．北京：人民出版社，1994：237.

③ 习近平．习近平谈治国理政：第3卷．北京：外文出版社，2020：120.

④ 黑格尔．历史哲学．王造时，译．上海：上海书店出版社，1999：108，109.

中得出一个正面结论，因为它恰恰证明中国古代的制度是有效的，治理方式是管用的，所以才能做到数千年不变，成为一个“超稳定结构”①。

正如毛泽东所言，“今天的中国是历史的中国的一个发展；我们是马克思主义的历史主义者，我们不应当割断历史。从孔夫子到孙中山，我们应当给以总结，承继这一份珍贵的遗产”②。对待古人留下的制度遗产，好的东西我们要继承，坏的东西我们要去掉，他们想做而没有做到的，我们今天要努力做得更好。

近代以来，在西方帝国主义列强入侵之下，统治中国几千年的君主制度陷入全面危机，无数仁人志士为改变中国前途命运，开始探索新的国家制度和国家治理体系，尝试了君主立宪制、议会制、多党制、总统制等多种制度模式，但都以失败告终。中国共产党成立后，团结带领人民在根据地创建人民政权，探索建立新民主主义经济、政治、文化制度，为新中国建立人民当家作主的新型国家制度积累了宝贵经验。

---

① 即便这一概念的原创者也认为：“如果具有历史眼光的话，那么也许我们就不能过多地谴责中国封建社会超稳定系统所造成的停滞性。因为，在世界上其他地区的民族和国家陷入分裂和动乱的黑夜中的时候，我们的祖先曾经缔造出独特的宗法一体化结构，在分散的小农经济基础上建立了一个个伟大的统一的帝国，创造了辉煌的古代文明。尽管它是一种保守的停滞性的结构，但其内部有着顽强的难以摧毁的生命力。”（金观涛，刘青峰．兴盛与危机：论中国社会超稳定结构．北京：法律出版社，2011：221）

② 毛泽东．毛泽东选集：第2卷．2版．北京：人民出版社，1991：534.

瑞金时期我们党创立了中华苏维埃共和国，可谓“中华人民共和国的‘雏形’”，“这个政府是要为绝大多数民众服务的。这在中国历史上是第一次，以往从来没有过”[①]。抗日战争时期建立的“三三制”政权，是一种统一战线性质的政权，并且在基层实践中实实在在地践行了民主选举，实行了民众所期盼的土地制度，受到民众的衷心拥护[②]。正是基于那个时期的宝贵探索，毛泽东才能在《新民主主义论》《论人民民主专政》《论联合政府》等一系列著述中，把新中国的国家制度基本上勾勒好了。

也正是在此基础上，夺取全国政权后，中国共产党在新中国成立初期为新社会构建了全新的国家制度。她团结带领人民制定《共同纲领》、1954 年《宪法》，确定了国体、政体，建立了国家政权组织体系。进而，她团结带领人民进行社会主义改造，确立了社会主义基本制度，成功实现了中国历史上最深刻最伟大的社会变革，为当代中国一切发展进步奠定了根本政治前提和制度基础。

这个制度当然并非没有问题，但在当时情况下总体上是适应的。“文革”结束后，中国共产党对既有的体制弊端有了更清醒的认识。在改革开放的实践中，中国共产党团结带领人民

---

① 金冲及．星火的启示：革命根据地创建与发展．北京：生活·读书·新知三联书店，2020：6，7.

② 刘晨光．“三三制”民主：原因、问题与实质．科学社会主义，2014（5）.

开创了中国特色社会主义，不断完善中国特色社会主义制度和国家治理体系，使当代中国焕发出前所未有的生机活力。

总之，中国特色社会主义制度之所以行得通、有效率，之所以充满生机活力、具有远大前景，就是因为它是从中国的社会土壤中逐渐生长起来的，植根于中国人民在中华大地上创造的悠久文明。未来它要继续茁壮成长，也必须深深扎根于中国的社会土壤。

制度的基本属性

中国特色社会主义制度具有的十三个显著优势，表明我国制度具有优越性，而这种优越性又只是其内在基本属性的外在表现。中国特色社会主义制度的内在基本属性，最核心的乃是其先进性，这种先进性自然在很大程度上源于中国共产党的领导和马克思主义理论的指导。具体来讲，中国特色社会主义制度的先进性表现在四个方面，即科学性、人民性、开放性和革命性。

第一，科学性。中国特色社会主义制度和国家治理体系是在马克思主义的科学理论指导下建立起来的制度和国家治理体系。制度并非干巴巴的枯燥条文，而是有内在生命洋溢的。中国特色社会主义制度内在的生命和灵魂，就来自马克思主义的科学理论。中国特色社会主义制度的价值取向、奋斗目标、前进方向、治理效果，都体现了我们党的科学理论的全部主张。

马克思主义科学理论具有很强的实践性，具体指导中国特色社会主义制度的科学理论是中国化的马克思主义，这也使中国特色社会主义制度具有很强的实践性。习近平指出："我们党在长期实践探索中，坚持把马克思主义基本原理同中国具体实际相结合，把开拓正确道路、发展科学理论、建设有效制度有机统一起来，用中国化的马克思主义、发展着的马克思主义指导国家制度和国家治理体系建设，不断深化对共产党执政规律、社会主义建设规律、人类社会发展规律的认识，及时把成功的实践经验转化为制度成果，使我国国家制度和国家治理体系既体现了科学社会主义基本原则，又具有鲜明的中国特色、民族特色、时代特色。"[①] 在这个意义上，中国特色社会主义制度堪称中国共产党把马克思主义制度理论与中国实际相结合进行的伟大创造。

习近平多次强调："当代中国的伟大社会变革，不是简单延续我国历史文化的母版，不是简单套用马克思主义经典作家设想的模板，不是其他国家社会主义实践的再版，也不是国外现代化发展的翻版。"[②] 这一论述同样适用于中国特色社会主

① 习近平．习近平谈治国理政：第3卷．北京：外文出版社，2020：122.
② 同①76.

义制度。实践证明，中国共产党把马克思主义科学理论与中国具体实际相结合，在古老的东方大国建立起保证亿万人民当家作主的新型制度。它既保障我们国家创造出经济快速发展和社会长期稳定的两大奇迹，又为发展中国家建设国家制度、实现国家治理体系和治理能力现代化提供了全新选项，还为人类探索建设更好的社会制度贡献了中国智慧和中国方案。

第二，人民性。习近平指出："始终代表最广大人民根本利益，保证人民当家作主，体现人民共同意志，维护人民合法权益，是我国国家制度和国家治理体系的本质属性，也是我国国家制度和国家治理体系有效运行、充满活力的根本所在。"[①] 中国共产党领导是中国特色社会主义最本质的特征，而中国共产党的根本宗旨就是全心全意为人民服务，这决定了人民性是中国特色社会主义制度的本质属性。

中国特色社会主义制度本质上是"人民共和国"制度，无论是制度的设计还是运行，无论是制度的出发点还是落脚点，都是为了有效地保证人民当家作主，保证人民便捷地全方位地多渠道地行使管理国家和社会事务、管理经济和文化事业的神圣权利，并"始终着眼于实现好、维护好、发展好最广大人民根本利益，着力保障和改善民生，使改革发展成果更多更公平惠及全体人民，因而可以有效避免出现党派纷争、利益集团偏

① 习近平．习近平谈治国理政：第3卷．北京：外文出版社，2020：123.

私、少数政治‘精英’操弄等现象，具有无可比拟的先进性”[①]。

第三，开放性。习近平指出：“我们从来不排斥任何有利于中国发展进步的他国国家治理经验，而是坚持以我为主、为我所用，去其糟粕、取其精华。”[②] 中国共产党在领导中国特色社会主义制度建设的过程中，从来不是闭门造车。一切文明的制度成果、一切国家的先进治理经验，中国共产党都是热烈拥抱的，当然前提是以我为主。

比如在新中国成立初期，我国国家制度和国家治理体系就借鉴吸收了苏联的许多有益经验，但很快发现简单模仿苏联模式有问题，牺牲农业的工业化道路走不通。《论十大关系》《关于正确处理人民内部矛盾的问题》这两篇光辉著作，就是“以苏为鉴”写出来的。

改革开放以来，我国之所以发展那么快，一个重要原因就是我们不断扩大对外开放，拥抱世界先进文明成果，包括制度成果和治理成果。我们引进了西方发达国家的资本、人才、技术、管理经验，包括教育、科技、法治等各个方面。特别是我们把社会主义制度和市场经济有机结合起来，既充分发挥市场在资源配置中的决定性作用，又更好发挥政府宏观调控作用，极大解放和发展了社会生产力，极大解放和增强了社会活力。

第四，革命性。也可称为发展性。习近平指出：“科学社

①② 习近平．习近平谈治国理政：第3卷．北京：外文出版社，2020：123.

会主义和空想社会主义的一大区别，就在于它不是一成不变的教条，而是把社会主义看作一个不断完善和发展的实践过程。”[①] 既然社会主义社会是一个不断完善和发展的实践过程，那么社会主义制度也是如此。社会主义制度所赖以建立的基础，是非对抗性的社会基本矛盾的运动，这与资本主义基本矛盾有本质区别。因此，社会主义社会主要通过非对抗性的手段、通过改革与调整生产关系和上层建筑来推动社会主义制度的不断完善和发展。

更重要的是，中国共产党始终代表着最广大人民的根本利益，代表着时代前进的方向。人民期待什么，有利于人民的是什么，我们党就干什么。时代呼唤我们党干什么，我们党就努力去探索和实践，赶上时代步伐，引领时代潮流。如果我们的制度有弊端，不利于国家，不利于人民，我们就大胆地改，努力地改。党的十八大以来的全面深化改革实践证明，中国特色社会主义制度具有强大的自我完善能力，能够在革除体制机制弊端的过程中不断走向成熟。正像习近平所说的，“可以预期，随着全面深化改革向纵深推进，我国国家制度和国家治理体系必将在国际竞争中赢得更大的比较优势，展现出更为旺盛的生机活力”[②]。

---

① 习近平．习近平谈治国理政：第3卷．北京：外文出版社，2020：123.

② 同①124.

第九章

文化自觉

党的十八大首提“三个自信”，即道路自信、理论自信、制度自信。党的十八大以来，中国共产党不断加强文化建设，不断增强文化自觉，进一步步提出了“文化自信”，形成了较为完整的文明自信体系。相较于其他“三个自信”，文化自信被认为是“更基本、更深沉、更持久的力量”①。

在2016年庆祝中国共产党成立95周年的“七一”讲话中，习近平强调：“文化自信，是更基础、更广泛、更深厚的自信。在5 000多年文明发展中孕育的中华优秀传统文化，在党和人民伟大斗争中孕育的革命文化和社会主义先进文化，积

① 习近平．习近平谈治国理政：第2卷．北京：外文出版社，2017：349.

淀着中华民族最深层的精神追求，代表着中华民族独特的精神标识。”①

党的十九大报告承续这一论述，明确指出，“中国特色社会主义文化，源自于中华民族五千多年文明历史所孕育的中华优秀传统文化，熔铸于党领导人民在革命、建设、改革中创造的革命文化和社会主义先进文化”②。可见，“文化自信”要融汇古今，贯通革命、建设、改革不同时期。在庆祝中国共产党成立 100 周年的“七一”讲话中，习近平进一步明确提出“把马克思主义基本原理同中国具体实际相结合、同中华优秀传统文化相结合”③ 的重大理论观点，深化了我们对中国特色社会主义的认识，把文化自觉提升到更高的程度。

植根文明沃土的自觉

“文化自信”源于“文化自觉”。中国共产党的文化自觉，很根本的一点就是认识到中国特色社会主义深深植根于五千多年中华文明孕育的丰沃土壤中，葆有中华优秀传统文化独具的

① 习近平．习近平谈治国理政：第 2 卷．北京：外文出版社，2017：36.

② 中共中央党史和文献研究院．十九大以来重要文献选编：上．北京：中央文献出版社，2019：29.

③ 习近平．在庆祝中国共产党成立 100 周年大会上的讲话．北京：人民出版社，2021：13.

特质和优势。

轴心时代人类文明的开创者中，可大可久且一直保持连续性的，只有中华文明。历史上，中华文明和所有别的文明一样，也经历了兴衰成败，但它具有异常强大的解释和同化、学习和更新的能力。近代中国遭遇西方资本主义文明，最终选择以马克思主义的科学社会主义建立新中国，探索一条超越资本主义的社会主义现代化道路，就是这种**学习-创新型文明**的体现。中国特色社会主义就是马克思主义中国化的最新成果，并且会在不断学习和创新中保持恒久的生机活力。

中华文明葆有大一统国家的政治理想，中国正史就是一部大一统国家的持续重建史。殷周之变意义重大，实质虽仍是封建贵族制，但将宗权合于君权，尊王即是尊一统。秦朝确立中央集权的郡县君主制，汉承秦制，独尊儒术，杂霸王道而用之，奠定相沿两千多年的制度格局。辛亥革命后，国家陷入军阀分裂，中国革命“反帝反封建”，就是为了重建独立自主、统一集中的国家主权。任何无助于解决乃至有害于中国的政治整合和统一问题的方案，最终都会失败。中国特色社会主义提供了一元化的思想指导和政治领导、单一制的国家结构，包括民族区域自治制度和“一国两制”，这些都是对大一统政治的继承和发扬。

中华文明对政治的理解，不仅是“统治”，更是“教化”，正是由此，学习型文明与大一统国家得以有机联结起来。这个先进性团体，过去就是儒家士大夫团体，现在则是中国共产党这一先锋队组织。儒家相信人性中的良知良能，奉行选贤任能的“贤能政治”，厚德重教，隋唐后科举制成为重要支撑。中国共产党是一个学习型服务型创新型政党，重视“觉悟”和人自身的精神力量，也更加崇尚德性的平等，强调党员干部与一般群众相互学习教育的“师生辩证法”。

中华文明的至高理想是“大道之行，天下为公”。每个人都可以各得其所、各安其位、各尽其能、各取所需，如此形成一个亲睦协调、团结有情的和谐社会。期待这样一个太平世界的到来，实现这样一种崇高的社会理想，一直都是中华文明的内在追求。其中积蕴的“天下”情怀，是对于人类命运和幸福的普遍担当。中国共产党的革命先辈中，有不少一开始就是把共产主义理解为中华文明的“大同”理想。比如周恩来 1918 年旅日期间，立志“去做那最新最近于大同理想的事情”①。毛泽东在青年时期，也受到康有为《大同书》的深刻影响。社会主义的“中国方案”对中华文明理想的继承，最集中地体现在中国自身对更好社会制度的探索和创造。建立一个共建共享共富共治的较高级、较发达阶段的社会主义社会，当是“中国方案”致力的中长期目标。

---

① 中共中央文献研究室．周恩来早期文集：上卷．北京：中央文献出版社，1997：334.

在十三届全国人大一次会议上，习近平强调，“我们的共和国是中华人民共和国”，“历久弥新的中华民族精神是中国人民培育的”，“中国人民的特质、禀赋不仅铸就了绵延几千年发展至今的中华文明，而且深刻影响着当代中国发展进步，深刻影响着当代中国人的精神世界”①。人民是文化的培育者，也是文化的承载者。一个国家、一个民族的人民所葆有的精神品质，会恒久地影响这个国家和民族的发展轨迹与前途命运。中国人民在悠久的历史中曾创造了世界上最为发达、最为璀璨的农耕文明，然而晚清以来，由于中国的落后挨打，在西方“文明等级论”的影响下，甚至有不少中国人也对自己的文明失去了自信。随着中华民族迎来从站起来、富起来到强起来的伟大飞跃，随着中华人民共和国日益走近世界舞台的中央，中国人民的创造伟力应该而且能够重新迸发出来，重新激扬文化的自觉与自信。

如何看待“五四”反传统主义

这就涉及一个重大的理论和现实问题：如何看待“五四”(1919 年五四运动）的反传统主义？今天我们讲文化自觉和文

① 习近平．习近平谈治国理政：第 3 卷．北京：外文出版社，2020：139－140.

化自信，是否意味着对“五四”的全盘否定，从而走向另一个极端？实际上，对“五四”及现代中国革命的批判性反思由来已久，其深层涉及的不只是简单的历史争鸣，而是关系到中国特色社会主义的未来走向。

对“五四”的批判性反思，很大程度上源于李泽厚提出的“救亡压倒启蒙”论断。这种观点认为，“五四新文化运动”（泛指五四运动前后中国思想文化解放运动，简称“新文化运动”）本是一场中国的启蒙运动，旨在冲破封建文化藩篱的束缚，唤起个体自觉与个性自由，但“五四”打断了这一进程，使其转变为反帝反封建的民族主义救亡运动，作为启蒙主体的“个人”被“民族”淹没了。

不难看出，这种观点以“五四”为界线，把广义的新文化运动截成两段，肯定“五四”前一段，否定“五四”后一段。究其实质，就是把“五四”分为两个，一个是“文化的五四”，一个是“政治的五四”。“文化的五四”是反对中国传统“封建主义”文化、打倒“孔家店”、唤起个人主体自觉的五四，“政治的五四”是唤起民族主体自觉、反对西方列强“帝国主义”霸权、建立现代主权国家的“五四”。而其主张，即是接续“文化的五四”未竟的使命，将“启蒙”进行到底，将被“政治的五四”耽搁的“个人解放”事业重新发扬。

“救亡压倒启蒙”这一论断曾在知识界产生巨大影响，至今仍不乏认同者。我们应该认识到：首先，这一论断产生在

20世纪80年代并非偶然，表面看来是对“五四”的批评，实则是对20世纪中国革命的批评。其次，这一论断内在的矛盾在于，它一方面批评“五四”的政治激进主义；另一方面却延续“五四”的文化激进主义，即强烈的反传统主义。问题在于，“文化的五四”与“政治的五四”能否分割开来？

在中国共产党的历史叙事中，“五四”是现代中国历史的开端，是从旧民主主义革命向新民主主义革命的过渡，标志着一个崭新时代的到来。而新民主主义革命，按照毛泽东的经典论述，是要创造一个经济、政治和文化各方面都不同于前的新社会形态。把“文化的五四”与“政治的五四”割裂开来，必然要改写这一历史叙事才行。其中关键的是，这样的“新启蒙主义”大概不是继承而是背离了“五四”的启蒙精神。

对于“五四”启蒙精神的准确理解，绝不能脱离当时的历史情境。论者往往容易看到“五四”的果，却常常忽视“五四”的因。正是因为“五四”为中国共产党以及中国新民主主义革命在思想和组织上准备了条件，所以论者倾向于将对中国革命的反思追溯和转化为对“五四”的反思，仿佛“五四”的发生和对新文化运动方向的扭转只是可以避免的意外之事，却从根本上遗忘了，“五四”的正当性恰恰源于“五四”的历史必然性。只有把“五四”以及新文化运动放在整个近代中国救亡图存的历史脉络中来看，才可能理解“五四”之于中国的真正意义。

新文化运动发生的国内国际背景是：在国内，虽然辛亥革命最终结束了清王朝的统治，但共和革命引发了一系列新的危机，其中最严重的是在帝国崩解之后政治整合一直无法完成，资本主义性质的政制实验徒具形式，封建性的军阀势力主导国内政治，以致出现恢复帝制和重建孔教的主张；国际上，一战的发生和欧洲的毁坏凸显了西方资本主义文明的内在危机，知识界对西方的态度从崇奉和模仿转向反思和质疑，进而开启了东西文明的比较，而俄国十月革命的爆发则提供了另一种可能，即经济落后、政治分裂的中国有可能通过一场社会主义革命实现自身的富强和对西方的超越，同时一战后帝国主义国家缔结的不义和约无视中国主权，更激发了中国社会的不满。

在这种情况下，新文化运动对于国内外时势与中国问题解决之道的探讨是相当复杂多元的，但其内在的逻辑演变仍有迹可循，总的来讲，就是它强调的主题逐渐从“个人解放”向“社会解放”、从“新文化”向“新政治”转变。特别是关于中国社会性质的论战，使中国问题的实质及其解决之道逐渐清晰起来，那就是当时中国仍处在半殖民地半封建阶段，中国问题的根源在于外有帝国主义侵凌、内有封建势力结祸，因此中国问题的解决之道就是“反帝反封建”，而“五四”提出的“外争国权，内惩国贼”口号的目的就在于此。

实际上，新文化运动从来就不是单纯的“文化”运动。近代西方的文艺复兴和启蒙运动是一场思想文化运动，但正是它们造成了新的社会风气、新的政治形态、新的人格类型，正是这些合在一起构成了“资本主义文明”。在经济社会较为落后的半殖民地半封建中国，马克思主义所说的社会意识对社会存在的反作用更加重要，“文化”所发挥的能动性、创造性更加关键。**“新文化”的目的和方向必然是要创造“新政治”、“新社会”和“新人”，而其基本途径就是通过思想文化的“启蒙”来促使人的精神意识的转变和内在的“觉悟”。**

如果说在“五四”之前，新文化运动的启蒙之意还在于发现“个人”，激发“个人自觉”，实现“个人解放”，那么在“五四”之后，新文化运动的启蒙之意将是以“社会主义”超越“个人主义”，激发“民族”和“民众”的自觉，实现“民族”和“民众”的解放。而马克思主义的传播和中国共产党的建立，进一步使这种“作为救亡的启蒙”成为通过无产阶级政党领导的民族民主革命创造新国家新社会的觉悟和行动。

当然，有些“五四”的批评者也看到了文化与政治的紧密关系，因此不主张把二者割裂开来，而是提倡反思和批判“启蒙”本身，否定“五四”甚至辛亥革命以来的革命史。近年来有些以“儒家”自居的人就是这样。说起来有些荒唐，他们竟然对清末民初有些人主张的恢复“帝制”、建立“国教”大为认同，认为当年若是那样做了，若是没有“五四”以来的激进运动，中国的发展会更好，甚至有些人认为，那仍是当下中国问题的解决之道。这种“政治复古主义”和“文化保守主义”

的杂糅产物，其实质才真是一种激进主义。与其说认同“帝制”必然导致的结果是不认可共和革命与人民共和国的正当性，不如说正是因为不认可共和革命与人民共和国的正当性才认同“帝制”。

另有一类“五四”批评者，他们虽然不得不承认作为启蒙与革命产物的人民共和国仍是文明复兴的政治基础，但却同样是坚决的反启蒙者，认为中国未来的发展必须彻底清除所谓“启蒙神话”或“民主乌托邦”的影响，因为在其看来，“文革”作为启蒙的极致表现已经宣告启蒙的彻底破产。这类批评者希望中国在政治和文化上都能告别破坏性极大的激进主义，用心不可谓不好，但他们的替代方案却是在家庭、社会乃至国家层面重建“儒教中国”。

问题的关键在于，既然同意人民共和国是值得保护的政治遗产，怎么又能同时否定人民共和国的价值基础呢？这类批评者声称坚持中国思想的主体地位，其实仍深陷在西方既定的思想框架中，所以才常常以卢梭或托克维尔式的“公民宗教”来论证康有为式“孔教”的正当性，而忘了儒家思想的实质性突破和对人类文明的巨大贡献乃是“以理性代宗教”。此外，还有人试图用黑格尔式的“伦理自由”观念来解释儒家的“人伦”大义，且不论这样解释是否合适，他们同样忘了自己的反启蒙立场显然与黑格尔思想的启蒙底色相悖。

还有一类论者认为，孔子乃“圣之时者”，真正的儒家必然会知时应变，既秉承儒家的真精神，又不拘泥某种既定的教条。他们倾向于有保留地接纳“五四”的启蒙立场，可以说，他们既是“五四”的批评者，又是“五四”的肯定者。一方面，他们肯定作为“五四”产物的中国革命与人民共和国，因为它们已是任何稳健的公共事务讨论者都必须面对和接受的政治现实；另一方面，他们又认为不可继续坚持“五四”的反传统主义，因为它已经完成了自己在特定历史阶段的使命。并且他们还认为，即便是“五四”的反传统主义，其实仍体现了儒家传统内在具有的自我更化、日新又新的生生不息精神。这种看法在某种程度上同时肯定了“五四”和儒家传统，只不过仍需面对的一个难题是：**呼吁“打倒孔家店”的“五四”业已生成了新的传统，那就是现代中国的革命传统，这一新传统如何与当年“五四”所反对的旧传统相融合呢？这或可称为儒家与启蒙或儒家与革命的关系问题，而其核心要义当是儒家与人民的关系问题。**

的确，“五四”已完成了它反传统的历史使命，今天应该对传统文化抱有更多的温情，但这并不意味着要回到“五四”之前的传统。“五四”已然带来了传统中国的现代新生，已然在它开启的启蒙和革命的过程中创造了一种新的传统，这一新传统和旧传统的最大区别就是“人民”终于获得了主体地位。从“五四”批评者对待“五四”的不同态度，可以看出他们对待“人民”的不同态度：或者蔑视，或者怀疑，或者视为“个人”的集合，或者看作一个抽象符号。但在“五四”以及现代中国革命中生成的“人民”，既不高，也不低，既非“神灵”，亦非“乌合之众”。

“人民”不是现成的，而是在与“人民”的先进代表中国共产党的互动中，通过组织、教育、生产、战斗等各种实践活动不断生成的。“人民”一经生成就会显现出巨大的力量，那是创造历史的力量，是使社会和人民自身获得解放的力量。“五四”之前的历次革命都以失败告终，就是因为“人民”的力量未能发挥出来。在民国初年的共和危机和主权危机面前，“五四”第一次通过激发和显示“人民”的力量而开启了中国革命的新模式，最终历经人民战争，创建了人民共和国。

人们总是在对历史的反思中继续前进，尤其是在经历过重要的历史关头，通过对历史上重大事件的反思和重估，可以更好地走向未来。同时，当人们对重大历史事件进行反思和重估时，往往也是因为对于未来走向预先有了新的判断和主张。“五四”就属于这样的重大历史事件，对它的反思也正是始于“文革”结束之后。今天的中国，处在走向中华民族和中华文明伟大复兴新的历史起点上，既不同于“五四”时期内忧外患的中国，也不同于“文革”结束之后百废待兴的中国，可以以一种更加从容、更加恢宏的气度来谋划未来。

无疑，中国之为中国，是因为它置身在历史悠久的中华文明传统中，而“五四”及中国革命作为中华文明的自新之道，为中华文明指引了新的方向。否定“五四”，只会使中国历史和中华文明的连续性出现断裂，使“中国”陷于狭隘固陋的境地。而接纳“五四”及其所规定的新方向，中华文明才有机会使自身的生活理想成为世界性的普遍追求，因为它所立基的“人民”主体真正是世界性的。就此而言，“五四”仍能为未来的中国乃至世界提供源源不断的“剩余价值”。事实上，也只**有在“人民”的实践活动基础上，儒家思想的“剩余价值”才可能重焕光辉，儒学才可能迎来自己的新形态。**

构建中国特色哲学社会科学

由此延伸开来，可以说文化自觉也势必关系到中国学问体系的重建问题。2016 年 5 月 17 日，习近平在哲学社会科学工作座谈会上发表讲话，就提出了“加快构建中国特色哲学社会科学”的问题。正如习近平所言，“观察当代中国哲学社会科学，需要有一个宽广的视角，需要放到世界和我国发展大历史中去看”①。这个大历史大背景，就是资本主义现代性的全球扩张所带来的古今之变，对中国传统学问造成了根本的冲击和挑战，

① 习近平．在哲学社会科学工作座谈会上的讲话．(2016－05－18)［2021－01－28］. http://www.xinhuanet.com/politics/2016－05/18/c_1118891128.htm.

由此引致中国学问的现代嬗变及其主体性的重建。

现代意义上的哲学社会科学，是在西方向现代社会演进的过程中产生和形成的，尤其是社会科学，更是与资产阶级革命所造成的新的社会政治形态密切相关，其最初意图，也就是希望能像自然科学一样，更为客观精确地探索社会发展的一般规律，推进人类社会的不断进步。不过，现代哲学社会科学各主要学科的最终形成是在19世纪末20世纪初，那一时期也正是西方资本主义国家进入帝国主义全球性急剧扩张的阶段，西方的“哲学社会科学”也就作为“先进”的现代文明的象征，传入“落后”的殖民地半殖民地国家和地区。

清末科举制的废除，“新学”的引入和传播，新式学堂以至现代大学的建立，使现代哲学社会科学进入中国，经史子集的传统学问分类为各种“主义”和各种“学”所取代。其中就包括了马克思主义及其指导下的哲学社会科学。最终，也正是以马克思列宁主义为指导思想的中国共产党，领导中国人民取得了革命的胜利，中国化马克思主义也就成了新中国的指导思想。**如果说新的统一主权国家的建立意味着中国政治主体性的重建，那么中国化马克思主义，尤其是毛泽东思想的形成和发展，则意味着中国学问与思想文化主体性的重建。这种主体性最根本的体现就在于，现代中国思想的志趣与使命，最终乃是为了克服与超越资本主义现代性，构建一种更加美好的社会主义的新型社会制度。**

改革开放以来，特别是社会主义市场经济建立和发展以来，加上苏东剧变后新一轮资本主义全球化的深刻影响，使中国经济社会在40多年间发生了前所未有的巨变，取得了西方资本主义国家用几百年时间才能取得的辉煌成就。然而，面对崭新的世情、国情、党情、民情，中国化马克思主义也必须与时俱进、创新发展，否则它就可能失去在意识形态领域的指导地位；中国哲学社会科学的学科体系、学术体系、话语体系，同样需要与时俱进、创新发展，否则它就可能失去对变化中的中国与世界的认识力、解释力和引导力。

正是基于此种宏大背景和重要意义，习近平强调："这是一个需要理论而且一定能够产生理论的时代，这是一个需要思想而且一定能够产生思想的时代。"① 他以此勉励我国哲学社会科学工作者，要坚持和发展中国特色社会主义，继续推进马克思主义中国化、时代化、大众化，构建具有中国特色、中国风格、中国气派的哲学社会科学。

回望20世纪八九十年代，中国哲学社会科学当时又回到了"向西方学习"的状况，源自西方的种种主义和学说，特别是当时那些颇有影响的时髦理论，不断被引介进来。这反映了进入新时期后的知识饥渴，但更重要的，这反映的是传统马克

① 习近平．在哲学社会科学工作座谈会上的讲话．(2016-05-18)[2021-01-28]. http://www.xinhuanet.com/politics/2016-05/18/c_1118891128.htm.

思主义的哲学社会科学在学术思想界影响力的相对衰落。实际上，严格尊奉主流意识形态的学术思想，主要保留在大学哲学系的部分领域以及负责思想政治教育课的院系。与“西哲”和“中哲”相比，“马哲”势力较弱。而在社会科学领域，尤其是经济学、法学、政治学等学科，毫不夸张地说，基本概念和理论大多源于西方。当然，这种情况的出现，也与中国经济社会转型导致的社会存在的急剧变迁密切相关，“现代性”以如此广度、密度、深度在中国出场，必然引起包括学术思想在内的整个社会意识的重构。

根本问题在于，中国社会的发展是要以以西方思想理论为基础的既有的西方资本主义现代性为目标，把所谓“发达”“先进”的西方，尤其是美国的社会与制度视为自己的终极理想，还是应该坚定地走自己的路，为探索一种更好的现代性方案而努力？进入21世纪以来，这一问题的答案开始变得明朗起来，即中国不仅应该而且能够走出一条越来越宽广的中国特色社会主义新路。这一方面源于中国经济社会发展取得的巨大成就，使人们不得不面对中国的经验、道路，另一方面也源于中国哲学社会科学界不断涌现的主体自觉。

自觉来自反思，特别是对西方现代性的反思。当人们认识到，既有的西方哲学社会科学只是现代性话语的一种，是植根于西方社会且只能恰当解释西方社会的时候，那就是觉醒的开始。更何况，“西方”也不是一个整体，其内部也充斥着多样性，而且更重要的，西方社会所面临的问题也越来越突出，越来越严重。这就使中国学术思想界提出，要在一种更宏大的视野中“重新阅读西方”[①]，即把西方开启的现代性小传统放在整个西方的大传统中进行理解，以便真正做到“通古今之变”。在此基础上，也就可以更好地辨析西方现代性的症结，认清中国问题的实质。

自觉来自自信，根本是对“中国道路”的自信。实际上，早在20世纪90年代西方普遍主义话语盛行的时候，中国学界就有人提出社会科学本土化的声音，只是比较微弱。2008年国际金融危机彻底打破了“历史终结论”的迷梦，新自由主义的“华盛顿共识”完全破产，这无疑从反面加强了中国学界对“中国道路”的主体自觉。由此，关于“中国道路”与“中国模式”的讨论一度出现了一个小高潮。而在近年来欧美社会内部诸多问题愈益显露，世界整体结构和既有秩序出现深刻变动的情况下，对“中国道路”的反思也不断深入，达到更高层次的自觉。

根据习近平的讲话，有待构建的比较成熟的中国特色哲学社会科学，至少具有三个方面的特点：既要体现继承性、民族性，也要体现原创性、时代性，还要体现系统性、专业性。基于此，我们认为，构建中国特色哲学社会科学或许可以往以下几个方向努力：

---

① 甘阳，刘小枫．重新阅读西方．南方周末，2006-01-13.

首先，推进中国化马克思主义新发展，牢牢树立和充分阐发中国的社会主义“道统”。马克思主义从来不是教条，而是我们认识世界、改造世界的重要方法和有力武器，要想使其焕发出巨大的伟力，必须在坚持其基本立场、观点和方法的基础上，使马克思主义普遍原理与中国具体实际充分相结合，实现进一步的理论创新。接下来进行理论创新的契机，或许该是把马克思主义放置在数千年中华文明的传统中，不断推进中华优秀文化与马克思主义的相互融合。这一方面需要从马克思主义角度对中华优秀文化进行更加全面深入、更加契合时代需要的整理和重构，另一方面也需要从中华优秀文化角度对马克思主义进行更具创造性、更能指引未来发展的会通与诠释。

可以预期，以上融通工作的结果就是从哲学高度重新奠定中国之道，它既深植于中华文明的丰沃土壤，又是中国化马克思主义的新飞跃。

其次，从制度层面完善和阐发“中国方案”，为中国问题以及人类问题提供更加有效也更加美好的答卷。传统中国的现代转型，从其始因来看，是因为遭遇了西方资本主义现代性的冲击，面对一种全新的现代制度形态和生活方式的挑战；从其结果来看，必将是中国实现社会主义的现代化，形成一整套更加契合人性需要、更加合理有效、更加美好完善的制度形态和生活方式。在构建更加成熟、更加定型的社会主义制度，推进国家治理体系和治理能力现代化的过程中，中国哲学社会科学应该注重从中国道路的实际经验出发，从中国制度的有效运行着手，适时地进行理论上的归纳概括和创新发展，进而才能更加有力地解释现实、指导实践、引领未来。

当然，中国的社会主义现代化所进行的实践创新、制度创新和理论创新，是前所未有的事业，这需要中国哲学社会科学工作者葆有一种开放的心态和视野，包容和吸收人类一切优秀文明成果及哲学社会科学资源，同时坚持“古为今用、洋为中用”的原则，进行全方位、多角度的深入研究。比如对当代中国政治发展这一问题的研究，我们无疑应该立足于当下中国政治的实际运作，放眼于社会主义民主政治的未来，但同样也需要我们从历史的和比较的视野出发，对中华治理史、中共政权建设史、西方政治制度乃至世界各大文明治理经验进行研究。

最后，从宏观、中观、微观各个层面，对我国的社会主义现代化和中华民族伟大复兴事业所涉及的各领域具体实践进行研究。正如习近平指出的：“我国哲学社会科学应该以我们正在做的事情为中心，从我国改革发展的实践中挖掘新材料、发现新问题、提出新观点、构建新理论，加强对改革开放和社会主义现代化建设实践经验的系统总结，加强对发展社会主义市场经济、民主政治、先进文化、和谐社会、生态文明以及党的执政能力建设等领域的分析研究，加强对党中央治国理政新理念新思想新战略的研究阐释，提炼出有学理性的新理论，概括出有规律性的新实践。这是构建中国特色哲学社会科学的着力点、着重点。”①

需要强调的是，对现实问题的研究需要宏观、中观、微观各个层面的分析综合，也需要各学科、各专业的分工配合。大转型、大变革的时代呼唤大思想、大理论的产生，而大思想、大理论必然是对一些宏大的、基础的，具有根本性、全局性、长远性的关键问题的创造性解答，因此对现实问题的研究绝不能失去宏观的视野和思维。同时，也应注重对中观和微观的问题保持敏感，既能够见微知著，举一反三，又能够看到不同层面问题之间的有机关联，这样才能获得一种真正具有总体性、既可“致广大”又能“尽精微”的研究视野。进而，各个学科和专业的不同研究者，也才可能从不同角度、不同层面，取得具有更高价值的知识增进和理论突破。

中国特色社会主义进入新时代，中华民族迎来了从站起来、富起来到强起来的伟大飞跃。所谓“强起来”，绝不仅仅指硬实力，更是指“软实力”，一定包括中华文化强起来、中国学问体系强起来、中国共产党思想理论强起来、中国人民精神品质强起来。中华民族的伟大复兴，同时一定是中华文明的伟大复兴。

① 习近平．在哲学社会科学工作座谈会上的讲话．(2016-05-18)[2021-01-28]. http：//www.xinhuanet.com/politics/2016-05/18/c_1118891128.htm.

文明战略篇

党的十八大以来，以习近平同志为核心的党中央从坚持和发展中国特色社会主义全局出发，提出并形成了全面建成小康社会、全面深化改革、全面依法治国、全面从严治党的战略布局。党的十九大报告把“四个全面”战略布局写进了“八个明确”，作为习近平新时代中国特色社会主义思想的重要组成内容。正如习近平所指出的，在“四个全面”中，“全面建成小康社会是我们的战略目标”，“全面深化改革、全面依法治国、全面从严治党是三大战略举措”①。

党的十九大报告明确提出，“在全面建成小康社会的基础上，分两步走在本世纪中叶建成富强民主文明和谐美丽的社会主义现代化强国”②。在全面建成小康社会战略目标顺利实现

① 习近平．习近平谈治国理政：第2卷．北京：外文出版社，2017：23.

② 中共中央党史和文献研究院．十九大以来重要文献选编：上．北京：中央文献出版社，2019：14.

之后，我国乘势而上开启全面建设社会主义现代化国家新征程，需要协调推进全面建设社会主义现代化国家、全面深化改革、全面依法治国、全面从严治党的战略布局。全面建设社会主义现代化国家是新的战略目标，三大战略举措不变，“四个全面”仍然是新时代中国特色社会主义的战略布局。对于作为新型现代社会主义文明的中国特色社会主义而言，“四个全面”也就是一种具有长远意义的文明战略。这里把“四个全面”文明战略简称为现代化、改革、法治、党建。

第十章

现代化

在中国共产党成立以来的百年历程中，中国共产党领导中国人民进行的一切奋斗，归根到底都是为了实现社会主义现代化和中华民族伟大复兴的中国梦。实现社会主义现代化和实现中华民族伟大复兴总是密切联系在一起的，很大程度上，社会主义现代化真正全面实现了，中华民族伟大复兴也就胜利在望了。

在全面建成小康社会后，我国开启了全面建设社会主义现代化国家的新征程。我们需要在历史承续的脉络中，着重理解和把握全面建设社会主义现代化国家的目标设定和战略安排。

目标设定

首先来看全面建设社会主义现代化国家的目标设定。

回顾历史，早在 1945 年，毛泽东在党的七大报告中就明确指出："中国工人阶级的任务，不但是为着建立新民主主义的国家而斗争，而且是为着中国的工业化和农业近代化而斗争。"[①] 在党的七届二中全会上，毛泽东进一步提出由落后的农业国变成先进的工业国的奋斗目标。新中国成立不久，我们党就把"逐步实现国家的社会主义工业化"写入党在过渡时期的总路线。在国家恢复国民经济以后，毛泽东提出准备经过 10 个五年计划，将我们当年经济上、文化上落后的国家，建设成为一个工业化的、具有高度现代文化程度的伟大的社会主义国家。

1954 年，周恩来在第一届全国人民代表大会上，首次提出包括现代化的工业、农业、交通运输业和国防在内的四个现代化目标。1956 年党的八大的召开，标志着社会主义改造任务基本完成，我们国家进入大规模社会主义建设时期。党的八大通过的新党章规定了中国共产党的任务，就是使中国具有强

① 毛泽东．毛泽东选集：第 3 卷．2 版．北京：人民出版社，1991：1081.

大的现代化的工业、现代化的农业、现代化的交通运输业和现代化的国防，把中国建设成为一个伟大的、富强的、先进的社会主义国家。这是“四个现代化”思想在党章中的初始表述。它主要体现在对社会主义物质文明建设的要求，将为把中国建设成强大的社会主义现代化的工业国家打下坚实的物质技术基础。

1957年，毛泽东先后发表《关于正确处理人民内部矛盾的问题》和《在中国共产党全国宣传工作会议上的讲话》。在后一个讲话中，他对现代化建设的内涵有了新的考虑，提出要“建设一个具有现代工业、现代农业和现代科学文化的社会主义国家”①。这里提出的建设现代科学文化，体现了社会主义精神文明的要求。1959年底1960年初读苏联《政治经济学教科书》时，他进一步充实了这个思想，指出：“建设社会主义，原来要求是工业现代化，农业现代化，科学文化现代化，现在要加上国防现代化。”② 1964年，周恩来在第三届全国人民代表大会上，提出“在不太长的历史时期内，把我国建设成为一个具有现代农业、现代工业、现代国防和现代科学技术的社会主义强国”，其中将“科学文化现代化”改为“科学技术现代化”，使表述规范化了。

---

① 毛泽东．毛泽东文集：第7卷．北京：人民出版社，1999：268.

② 毛泽东．毛泽东文集：第8卷．北京：人民出版社，1999：116.

1978年，党的十一届三中全会果断把党和国家工作重点转移到经济建设上来，实行改革开放、建设社会主义现代化，实现了我们党伟大的历史性转折。邓小平强调：“我们从八十年代的第一年开始，就必须一天也不耽误，专心致志地、聚精会神地搞四个现代化建设。”[①] “我们党在现阶段的政治路线，概括地说，就是一心一意地搞四个现代化。这件事情，任何时候都不要受干扰，必须坚定不移地、一心一意地干下去。”[②] 从那以后，我们党在每次全国代表大会上，都从不同角度和不同侧重点，聚焦和强调社会主义现代化建设问题。

党的十二大强调全面开创社会主义现代化建设新局面。党的十三大把建设社会主义现代化国家纳入党在社会主义初级阶段基本路线。党的十四大明确提出，要加快改革开放和现代化建设，并确立了社会主义市场经济体制的改革目标。党的十五大强调，改革开放这场新的伟大革命，为社会主义现代化建设创造了良好的体制条件。党的十六大强调，进入全面建设小康社会、加快推进社会主义现代化的新的发展阶段，我们党的庄严使命就是要实现包括推进现代化建设在内的三大历史任务，在中国特色社会主义道路上实现中华民族的伟大复兴。党的十七大强调，继续全面建设小康社会、加快推进社会主义现代

① 邓小平．邓小平文选：第2卷．2版．北京：人民出版社，1994：241.
② 同①276.

化，完成时代赋予的崇高使命。党的十八大强调，建设中国特色社会主义，总任务是实现社会主义现代化和中华民族伟大复兴，并发出了向实现“两个一百年”奋斗目标进军的时代号召。由此可见，**改革开放以来党的历次全国代表大会都强调社会主义现代化建设，一以贯之地推进建设社会主义现代化国家的历史进程。**

党的十八大以来，党和国家事业发生历史性变革、取得历史性成就，中国特色社会主义进入了新时代。党的十九大报告提出，我们要在实现第一个百年奋斗目标的同时乘势而上，向第二个百年奋斗目标进军，开启全面建设社会主义现代化国家新征程。这吹响了新时代全面建设社会主义现代化国家、实现中华民族伟大复兴新的进军号。

战略安排

“九层之台，起于累土”。实现社会主义现代化和中华民族伟大复兴的伟大目标，没有捷径可走，不可能一蹴而就。只有把目标转化为一项又一项具体可行的任务，分步实施、分阶段完成，才能在不断取得新成就的基础上抵达胜利的彼岸。实际上，**把中国社会主义现代化建设的长期性与发展的阶段性相结合，科学划分发展阶段，始终做到分阶段、分步骤地推进社会**

主义现代化，这是我们党推进社会主义现代化建设的一条成功经验。从一开始，中国共产党在考虑社会主义现代化建设的目标设定时，也在考虑如何通过具体的战略部署实现社会主义现代化，最终建成社会主义现代化强国。

关于“四个现代化”的实现构想，毛泽东在 1954 年提出大概经过 50 年建成强大的社会主义工业化国家的设想后，在 1956 年党的八大召开时又说，使中国变成富强的国家，需要 50 年至 100 年时光。在 1962 年 1 月召开的七千人大会上，他还指出：“中国的人口多、底子薄，经济落后，要使生产力很大地发展起来，要赶上和超过世界上最先进的资本主义国家，没有一百多年的时间，我看是不行的。”[①]

随后，周恩来在三届全国人大一次会议的政府工作报告中讲了“两步走”的战略步骤，即第一步大约用三个五年计划，建立起独立的比较完整的工业体系和国民经济体系；第二步全面实现农业、工业、国防和科学技术的现代化，使我国经济走在世界前列。这是党和政府最早正式提出的实现社会主义现代化的宏伟蓝图。在 1975 年四届全国人大一次会议上，周恩来重申了这个宏伟蓝图。

邓小平对现代化发展战略的思考，最初承续毛泽东的战略

---

① 中共中央文献研究室．建国以来重要文献选编：第 15 册．北京：中央文献出版社，2011：106.

构想。他在1975年领导全面整顿时，曾强调要为实现四届全国人大提出的“两步走”设想而奋斗。到改革开放以后的1979年，他与时俱进，从中国的实际情况出发，提出“中国式的现代化”，对这个战略步骤开始调整。他说，早先“我们开了大口，本世纪末实现四个现代化。后来改了个口，叫中国式的现代化，就是把标准放低一点”①。我们的四个现代化概念不是发达国家那样的现代化概念，而是到20世纪末“达到第三世界中比较富裕一点的国家的水平”②，“在中国建立一个小康社会。这个小康社会，叫做中国式的现代化”③，这是实现“四个现代化的最低目标”④。

对于20世纪末的战略目标，由实现“四个现代化”到达到第三世界中比较富裕一点的国家的水平，这是一个大调整。它既考虑到国家基础弱、底子薄的实际状况，也进一步认识到实现社会主义现代化的艰巨性和长期性。

党的十二大前夕，邓小平对未来中国的发展宏图做了进一步思考。他说：“我们摆在第一位的任务是在本世纪末实现现代化的一个初步目标，这就是达到小康的水平。如果能实现这个目标，我们的情况就比较好了。更重要的是我们取得了一个

① 邓小平．邓小平文选：第2卷．2版．北京：人民出版社，1994：194.
② 同①237.
③ 邓小平．邓小平文选：第3卷．北京：人民出版社，1993：54.
④ 同③64.

新起点，再花三十年到五十年时间，接近发达国家的水平。”[①] 党的十二大确定从1981年到20世纪末的20年，我国经济建设总的奋斗目标，是在不断提高经济效益的前提下，力争使全国工农业年总产值翻两番。

邓小平解释“翻两番”说：“这意味着到本世纪末，年国民生产总值达到一万亿美元。从总量说，就居于世界前列了。这一万亿美元，反映到人民生活上，我们就叫小康水平；反映到国力上，就是较强的国家。”[②] 他解释第二步宏伟目标说：“我们奋斗了几十年，就是为了消灭贫困。第一步，本世纪末，达到小康水平，就是不穷不富，日子比较好过的水平。第二步，再用三五十年的时间，在经济上接近发达国家的水平，使人民生活比较富裕。”[③]“翻两番，达到小康水平，可以说是中变化。到下世纪中叶，能够接近世界发达国家的水平，那才是大变化。到那时，社会主义中国的分量和作用就不同了，我们就可以对人类有较大的贡献。”[④] 这个思想，实际上是对毛泽东在20世纪60年代提出的赶上和超过世界最先进资本主义国家构想的具体化。

邓小平说他是实事求是派，这也反映在他不断调整未来中

---

① 邓小平．邓小平文选：第2卷．2版．北京：人民出版社，1994：416-417.

② 邓小平．邓小平文选：第3卷．北京：人民出版社，1993：88.

③ 同②109.

④ 同②143.

国的发展战略上。从1987年3月开始，他降低了到21世纪中叶的战略目标，指出我们“本世纪末达到小康水平，然后在下个世纪用三十到五十年的时间达到中等发达国家的水平”[①]。“到本世纪末，尽管我们人均国民生产总值八百到一千美元不算多，但是年国民生产总值将超过一万亿美元。有了这个基础，再争取达到中等发达国家的水平是有希望的。”[②]“这就是我们的战略目标，这就是我们的雄心壮志。”[③]“到那个时候，我们就可以真正用事实理直气壮地说社会主义比资本主义优越了。”[④]

对未来战略目标的设定为什么会有这样的调整？这与当时正在准备的党的十三大报告有关。党的十三大报告全篇以社会主义初级阶段作为立论的根据。基于对国情的重新思考，对于我国未来的发展战略目标不能不做调整。此后，邓小平对他的发展战略做了一个归纳。他说：“我们原定的目标是，第一步在八十年代翻一番。以一九八〇年为基数，当时国民生产总值人均只有二百五十美元，翻一番，达到五百美元。第二步是到本世纪末，再翻一番，人均达到一千美元。实现这个目标意味着我们进入小康社会，把贫困的中国变成小康的中国。那时国

---

① 邓小平．邓小平文选：第3卷．北京：人民出版社，1993：210.
② 同①212.
③ 同①251.
④ 同①256.

民生产总值超过一万亿美元，虽然人均数还很低，但是国家的力量有很大增加。我们制定的目标更重要的还是第三步，在下世纪用三十年到五十年再翻两番，大体上达到人均四千美元。做到这一步，中国就达到中等发达的水平。”[①] 这就是他的“三步走”发展战略。随后召开的党的十三大，不仅明确概括了他的“三步走”发展战略，而且将达到中等发达国家水平的第三步目标称为“基本实现现代化”[②]。这个“三步走”发展战略为当代中国的发展进步明确了大致的时间表。

党的十四大再次肯定邓小平的“三步走”发展战略。鉴于党的十三大已宣布国民生产总值比 1980 年翻一番，解决人民温饱的第一步目标基本实现，党的十四大进一步明确了近期和长远的奋斗目标，提出在 20 世纪 90 年代初步建立起新的经济体制，实现达到小康水平的第二步发展目标；再经过 20 年努力，到建党 100 周年时，在各方面形成一整套更加成熟、更加完整的制度；在这个基础上，到 21 世纪中叶新中国成立 100 周年时候，就能达到第三步发展目标，基本实现社会主义现代化。

据此，党的十五大明确提出了在 21 世纪前半叶的新“三步走”发展战略，指出：“我们的目标是，第一个十年实现国

---

① 邓小平．邓小平文选：第 3 卷．北京：人民出版社，1993：226.

② 中共中央文献研究室．十三大以来重要文献选编：上．北京：中央文献出版社，2011：14.

民生产总值比二〇〇〇年翻一番，使人民的小康生活更加宽裕，形成比较完善的社会主义市场经济体制；再经过十年的努力，到建党一百年时，使国民经济更加发展，各项制度更加完善；到世纪中叶建国一百年时，基本实现现代化，建成富强民主文明的社会主义国家。”[①] 这是对邓小平第三步发展战略的具体化。

1997年提前三年实现人均国民生产总值翻两番任务后，2000年10月，党的十五届五中全会首次宣布人民生活达到总体小康水平和全面建设小康社会的任务。党的十六大宣布："我们胜利实现了现代化建设‘三步走’战略的第一步、第二步目标，人民生活总体上达到小康水平。”[②] 并昭告全国人民，要在21世纪头20年，全面建设惠及十几亿人口的更高水平的小康社会，然后再继续奋斗几十年，到21世纪中叶基本实现现代化，把我国建成富强民主文明的社会主义国家。

党的十六大以后，以胡锦涛同志为主要代表的中国共产党人开创了全面建设小康社会的新局面。党的十七大根据国内外形势新变化，对全面建设小康社会提出新的更高要求。党的十七大以后，党继续带领全国人民，战胜各种困难和风险，在全

---

① 中共中央文献研究室．十五大以来重要文献选编：上．北京：中央文献出版社，2011：4.

② 中共中央文献研究室．十六大以来重要文献选编：上．北京：中央文献出版社，2005：14.

面建设小康社会的征程上又取得新的重大成就。正因为如此，党的十八大坚定地提出确保到2020年实现全面建成小康社会。党的十八大报告还鲜明地指出，我们党担负着团结带领人民全面建成小康社会、推进社会主义现代化、实现中华民族伟大复兴的重任；建设中国特色社会主义，总任务是实现社会主义现代化和中华民族伟大复兴。

站在承续历史新的更高起点上，党的十九大围绕新时代实现中华民族伟大复兴的历史使命，对新时代推进我国社会主义现代化建设做出新的顶层设计，提出分两步走在本世纪中叶建成社会主义现代化强国的战略安排："第一个阶段，从二〇二〇年到二〇三五年，在全面建成小康社会的基础上，再奋斗十五年，基本实现社会主义现代化。""第二个阶段，从二〇三五年到本世纪中叶，在基本实现现代化的基础上，再奋斗十五年，把我国建成富强民主文明和谐美丽的社会主义现代化强国。"①

新时代"两步走"战略安排，深化了我们党对社会主义现代化建设规律的认识，丰富了党的第二个百年奋斗目标的内涵，体现了我国发展量的提升和质的飞跃的统一，具有以下鲜明特点：

---

① 中共中央党史和文献研究院．十九大以来重要文献选编：上．北京：中央文献出版社，2019：20.

一是把基本实现我国社会主义现代化的时间提前了。这个战略安排，把原定的第二个百年奋斗目标基本实现社会主义现代化的时间提前了 15 年。这主要是因为我国发展成就超出预期，同时也充分考虑了我国发展的巨大潜力。

二是把实现我国社会主义现代化的目标提高了。也就是说，到 21 世纪中叶，原来要建成中等发达的社会主义现代化国家，现在变为建成综合国力和国际影响力领先、全体人民共同富裕基本实现的社会主义现代化强国。显然，这一转变不仅是量的提升，更是质的飞跃。

三是把实现社会主义现代化的要求提高了。在全面建设社会主义现代化国家的新征程中，我们党要统揽“四个伟大”，增强“四个意识”，坚定“四个自信”，做到“两个维护”，统筹推进“五位一体”总体布局，协调推进“四个全面”战略布局，坚定不移贯彻新发展理念，努力实现物质文明、政治文明、精神文明、社会文明、生态文明同步提升。在全面建设社会主义现代化国家的第一步目标中，突出强调到 2035 年要使我国各方面制度更加完善、国家治理体系和治理能力现代化基本实现；在第二步目标中进一步强调，到本世纪中叶，要实现国家治理体系和治理能力现代化。这不仅拓展和深化了我国社会主义现代化建设的内涵和外延，也将为全面建成社会主义现代化强国提供可靠制度保证。

开启新征程

从历史承续的脉络中看全面建设社会主义现代化国家的目标设定和战略安排，显然，这是一个从最初提出到不断调整再到最终成熟的过程。一方面，中国共产党对建设社会主义现代化国家的追求是一以贯之、坚定不移的；另一方面，中国共产党又不断根据实际情况的变化以及自身认知的深化来调整具体的目标设定和战略安排。

党的十九届五中全会提出，在全面建成小康社会、实现第一个百年奋斗目标之后，我们要乘势而上开启全面建设社会主义现代化国家新征程，向第二个百年奋斗目标进军，这标志着我国进入一个新发展阶段。还进一步擘画了 2035 年基本实现社会主义现代化远景目标。2021 年 1 月，习近平在省部级主要领导干部学习贯彻党的十九届五中全会精神专题研讨班开班式上指出，全面建设社会主义现代化国家、基本实现社会主义现代化，既是社会主义初级阶段我国发展的要求，也是我国社会主义从初级阶段向更高阶段迈进的要求①。

① 习近平在省部级主要领导干部学习贯彻党的十九届五中全会精神专题研讨班开班式上发表重要讲话．(2021－01－11)［2021－01－26］. http：//www.12371.cn/2021/01/11/ARTI1610365919984277.shtml.

新发展阶段仍是社会主义初级阶段中的一个阶段，是其中经过几十年积累、站到了新的起点上的一个阶段。全面建设社会主义现代化国家、基本实现社会主义现代化，是社会主义初级阶段我国发展的内在要求。在很大程度上可以说，社会主义初级阶段结束的标志就是基本实现社会主义现代化。

放在我国社会主义整个发展进程中来看，新发展阶段也是一个重要阶段。全面建设社会主义现代化国家、基本实现社会主义现代化，是我国社会主义从初级阶段向更高阶段迈进的内在要求。社会主义初级阶段发展进程中有许多不同发展阶段，主要是量变积累引起的部分质变。就整个社会主义初级阶段而言，量变积累和部分质变引致的阶梯式递进达到一定程度，势必推动社会主义初级阶段实现向更高阶段的质的飞跃。经过新中国成立以来特别是改革开放 40 多年的不懈奋斗，我国已经拥有开启新征程、实现新的更高目标的雄厚物质基础。到 2035 年基本实现社会主义现代化，将为我国社会主义从初级阶段向更高阶段迈进提供现实的基础和条件。

第十一章

改革

没有改革开放就没有中国的今天，也就没有中国的明天。只有改革开放才能发展中国、发展社会主义、发展马克思主义。改革开放是决定当代中国命运的关键一招，也是决定实现“两个一百年”奋斗目标、实现中华民族伟大复兴中国梦的关键一招。实践发展永无止境，解放思想永无止境，改革开放也永无止境，停顿和倒退没有出路，改革开放只有进行时，没有完成时。

中国特色社会主义在改革开放中产生，也必将在改革开放中发展壮大。我们的改革是在中国特色社会主义道路上不断前进的改革，既不走封闭僵化的老路，也不走改旗易帜的邪路。推进改革的目的是要不断推进我国社会主义制度自我完善和发展，赋予社会主义新的生机活力。我们要继续高举改革开放伟大旗帜，把握完善和发展中国特色社会主义制度、推进国家治理体系和治理能力现代化的总目标，不断把新时代改革开放继续推向前进。

全面深化改革与全面建设社会主义现代化国家基本同步，到 2035 年基本实现国家治理体系和治理能力现代化，到 21 世纪中叶实现国家治理体系和治理能力现代化。全面建设社会主义现代化国家，需要坚持全面深化改革，将改革进行到底。

朝向“世界历史”的改革开放

改革开放是当代中国最鲜明的特色。中国实行改革开放 40 多年，全部实践与理论的主题只有一个，就是坚持和发展中国特色社会主义。中国特色社会主义的开创和发展，与改革开放的启动和深入，是相互交叠、高度同构的同一个过程。这一进程仍在继续展开中。可以说，中国特色社会主义与改革开放是“相互发明”的关系。

中国特色社会主义的开创，始于对“什么是社会主义、怎样建设社会主义”此类根本问题的反思。在世界社会主义发展史上，社会主义的实践探索遭受挫折与失败，与对此类根本问题的认识出现偏失和错误密切相关。进一步言之，综观马克思、恩格斯身后的马克思主义发展史，本就长期围绕此类根本问题众说纷纭。尤其是在经济文化相对落后国家能否建成以及如何建成社会主义这一问题上，争议颇大。

这就需要回到马克思主义的科学社会主义立论的基点。在马克思主义思想理论体系中，有一个“元思想”或“元理论”，就是世界历史思想。撇开马克思的世界历史思想，就不太可能完整准确地理解包括“两个必然”和“两个决不会”[①] 在内的科学社会主义基本原理。反过来讲，只有真正把握了马克思的世界历史思想的真谛，才可能懂得在马克思那里，社会主义不仅是价值和方向，更是道路和方法。

马克思的“世界历史”不同于“人类历史”，因此也不同于一般历史学概念中的“世界史”。马克思的“世界历史”本身也是个历史概念，是只有当人类历史发展到近代资本主义阶段并且资本主义的全球扩张把人类历史变成统一的“全球史”的时候，才有可能，即“各个相互影响的活动范围在这个发展进程中越是扩大，各民族的原始封闭状态由于日益完善的生产方式、交往以及因交往而自然形成的不同民族之间的分工消灭

---

① “两个必然”是马克思、恩格斯在《共产党宣言》中提出的，即资本主义必然灭亡、社会主义必然胜利。“两个决不会”是马克思在《〈政治经济学批判〉序言》中提出的，即：无论哪一个社会形态，在它所能容纳的全部生产力发挥出来以前，是决不会灭亡的；而新的更高的生产关系，在它的物质存在条件在旧社会的胎胞里成熟以前，是决不会出现的。

得越是彻底，历史也就越是成为世界历史”①。这也就是“历史向世界历史的转变”②。简单来讲，**“世界历史”就是人类历史从世界资本主义向世界社会主义过渡的整个历史过程。**在这里，世界资本主义体系构成了世界历史发生的前提，世界社会主义体系则是世界历史发展的方向。

无疑，这一“过渡”时期注定将是非常漫长的过程，而且用马克思的话讲，还是一个自然历史过程。问题在于，这一“过渡”如何可能实现？马克思在早年和晚年曾有两种设想。早年设想是在数个发达资本主义国家同时爆发革命，一起实现社会主义；晚年设想是在俄国等东方落后国家先发生革命，在一国之内先建立社会主义。我们知道，实际的历史进程是符合后一设想的。紧接而来的问题是，在世界资本主义体系仍然占据统治地位的条件下，经济文化落后国家如何在建立社会主义之后继续建设和发展社会主义？进而言之，经济文化落后国家是否可能以及如何可能最终建成社会主义？

需要特别注意的是这里对“建立”和“建成”进行的区分。“建立”只是指社会主义制度在经济文化落后国家的确立，也就是一国成为社会主义国家。“建成”则是指现实社会主义朝向经典社会主义或理想社会主义的充分发展，以至社会主义

① 马克思，恩格斯．马克思恩格斯选集：第1卷．3版．北京：人民出版社，2012：168.

② 同①169.

的完全实现与最终胜利。问题的关键在于，在世界资本主义体系的包围下，社会主义虽然能够在某一经济文化落后的国家率先建立，但却不太可能在一国之内率先建成。也就是说，按照马克思的世界历史思想，**社会主义的最终胜利应该是一个世界历史性的总体过程，这一过程将是世界社会主义体系对于世界资本主义体系的总体替代，因此在世界历史没有发生实质性的总体转变的情况下，即便一国率先建立社会主义了，其社会主义的实现程度仍然会受到既有的世界体系总体条件的根本限制。**

那么，对于世界历史进程而言，经济文化落后国家率先建立社会主义就没有意义了吗？并非如此。既然世界历史的发展，即人类历史实现从世界资本主义向世界社会主义的过渡是一个漫长的过程，那么这一过程就将是由无数的“小胜”累积而成的“大胜”、许多小的“飞跃”逐渐实现的大的“飞跃”，总之，是不计其数的“量变”促成的“质变”。经济文化落后国家率先建立社会主义，就是在世界资本主义体系的薄弱环节打开了“缺口”，就是社会主义因素在世界资本主义体系中开始生长，这对于世界社会主义的发展无疑是积极有利的。只是，我们千万不能以为局部的突破就能够根本改变整个世界资本主义体系。

更重要的是，经济文化落后国家虽然在一国之内率先建立社会主义，但要建设和发展社会主义，绝不可能在封闭条件下进行。世界资本主义体系之所以构成世界历史发生的前提，不仅因为它使统一的“全球史”成为可能，更是因为它使统一的“文明史”成为可能；换言之，世界资本主义体系在很大程度上为人类整体朝向世界社会主义的发展进步奠定了初步的现代文明基础。

经济文化落后国家要想建设和发展社会主义，自然不能使自己独立于代表人类现代文明既有成果的世界资本主义体系之外。也就是讲，经济文化落后国家要想建设和发展社会主义，必须使自己置身于世界资本主义体系中，广泛吸收人类现代文明既有成果，只不过其目的不是使自己成为世界资本主义体系的有机一环，而是不断累积和酝酿这一既有体系和文明实现突破的新的可能性。总之，经济文化落后国家所置身的世界历史的总体条件决定了，其建设和发展社会主义的过程必将离不开与资本主义的相互作用，而这一相互作用的过程应该是朝向世界社会主义的生长和发展。

在这里，就涉及价值和方向问题。对于在世界资本主义体系中率先建立社会主义的经济文化落后国家而言，社会主义首先就是价值和方向，它作为“目的因”规定了国家向何处去。但我们想强调的是，社会主义还是道路和方法。之所以如此，根本在于社会主义不仅是目的，更是过程。**社会主义不是现成的教条，并非在“这儿”触手可及；社会主义也不是缥缈的理念，并非在“那儿”遥不可及。社会主义是世界历史和人类文明不断发展进步的过程，正在“这儿”和“那儿”之间，是我**

们从"这儿"通往"那儿"的桥梁、道路、方法、途径。很大程度上可以说，世界历史的进程也一定是资本主义与社会主义长期相互作用、不断演变的结果，这本身也是现代社会主义文明在现代资本主义文明体系内从生长到成熟的发展过程。

无疑，这一过程也正是社会主义通过实行改革开放而获得自我发展、自我完善的过程。在这个意义上，我们才说社会主义与改革开放"相互发明"，并"相互照亮"。

在改革中不断走向完善

党的十一届三中全会以来，中国实行改革开放，主动融入世界经济体系。这是一个不断探索、不断前进的过程，既有连续性，又有阶段性。以 1992 年和 2013 年为节点，可分为三个大的阶段。

第一阶段从 1978 年 12 月党的十一届三中全会做出改革开放伟大决策至 1992 年初邓小平南方谈话，这是中国改革的全面探索阶段。在此阶段，从农村到城市，从沿海到内地，从经济到政治，改革次第展开，全面探索，不仅理论上形成了一系列奠基性成果，而且实践上取得巨大成功，使改革开放成为不可阻挡的时代潮流。

第二阶段从 1992 年初邓小平南方谈话到 2013 年 11 月党

的十八届三中全会召开，这是中国改革的全面推进阶段。在此阶段，明确了在经济、政治、文化、社会、生态等各大领域的改革目标，在国企改革、金融财税改革、社会体制改革、加入WTO等关键方面都取得了历史性突破，确保我国成功战胜1997年亚洲金融危机和2008年国际金融危机，快速超越传统西方强国，成为世界第二大经济体。

第三阶段从2013年11月党的十八届三中全会召开至今，这是中国改革的全面深化阶段。在此阶段，中国改革在“全面”和“深化”两个维度上都有更加自觉、科学的认识和实践。

在庆祝改革开放40周年大会上，习近平郑重指出：“改革开放是中国人民和中华民族发展史上一次伟大革命，正是这个伟大革命推动了中国特色社会主义事业的伟大飞跃！”[①] 在对改革开放伟大成就进行总结后，他又特别强调：“中国特色社会主义迎来了从创立、发展到完善的伟大飞跃！”[②] **进入新时代的中国特色社会主义，正是通过全面深化改革不断走向完善的中国特色社会主义。可以说，中国特色社会主义之所以能够历经创立、发展而走向完善，主要源于改革开放所提供的强大动力。**

中华人民共和国成立后，特别是在社会主义基本制度确立

---

① 中共中央党史和文献研究院．十九大以来重要文献选编：上．北京：中央文献出版社，2019：721.

② 同①728.

后，中国共产党就开始了独立自主探索中国式现代化的艰辛历程，为在改革开放新时期开创中国特色社会主义提供了宝贵经验、理论准备、物质基础。中国特色社会主义的正式开创，是在党的十一届三中全会实现了具有深远意义的伟大转折之后。没有改革开放，就没有对“什么是社会主义、怎样建设社会主义”的重新认识，也就不可能有中国特色社会主义。

邓小平理论的创立，科学回答了建设中国特色社会主义的一系列基本问题，成功开创了中国特色社会主义。以江泽民同志为主要代表的中国共产党人，加深了对“什么是社会主义、怎样建设社会主义”和“建设什么样的党、怎样建设党”的认识，形成了“三个代表”重要思想，成功把中国特色社会主义推向21世纪。以胡锦涛同志为主要代表的中国共产党人接力推进实践创新、理论创新、制度创新，深刻认识和回答了新形势下“实现什么样的发展、怎样发展”等重大问题，形成了科学发展观，成功在新的历史起点上坚持和发展了中国特色社会主义。党的十八大以来，面对世情、国情、党情的巨大变化，以习近平同志为核心的党中央审时度势，稳中求进，坚持统筹推进“五位一体”总体布局、协调推进“四个全面”战略布局，对党和国家各方面工作提出了一系列新理念新思想新战略，从总体上深刻回答了新时代坚持和发展什么样的中国特色社会主义、怎样坚持和发展中国特色社会主义这个重大时代课题。

显然，改革开放的实践推进到哪一步，中国特色社会主义的发展也就推进到哪一步。我们要强化问题意识、时代意识、战略意识，用深邃的历史眼光、宽广的国际视野把握事物发展的本质和内在联系，紧密跟踪亿万人民的创造性实践，借鉴吸收人类一切优秀文明成果，不断回答时代和实践给我们提出的新的重大课题，让当代中国马克思主义放射出更加灿烂的真理光芒。

全面深化改革的制度逻辑

通过全面深化改革推动中国特色社会主义走向完善的历史过程，将是完善与发展中国特色社会主义制度、推进并实现国家治理体系和治理能力现代化的历史过程。因此，需要深刻把握全面深化改革的制度逻辑。

在 1980 年发表的《党和国家领导制度的改革》这篇重要讲话中，邓小平强调："领导制度、组织制度问题更带有根本性、全局性、稳定性和长期性。这种制度问题，关系到党和国家是否改变颜色，必须引起全党的高度重视。"[①] 后来在 1992 年初的南方谈话中，他指出："恐怕再有三十年的时间，我们才会在各方面形成一整套更加成熟、更加定型的制度。"[②] 可

① 邓小平．邓小平文选：第 2 卷．2 版．北京：人民出版社，1994：333.

② 邓小平．邓小平文选：第 3 卷．北京：人民出版社，1993：372.

以说，制度问题事关我们党能否有效克服历史周期率，能否真正实现党的长期执政和国家长治久安。

党的十八大以来，我们党把制度建设摆在非常突出的位置。党的十八届三中全会把“完善和发展中国特色社会主义制度、推进国家治理体系和治理能力现代化”确定为全面深化改革的总目标。需要强调的是，我们党考虑制度问题时，是把它放置到社会主义发展史的大历史视野中的。习近平强调：“实际上，怎样治理社会主义社会这样全新的社会，在以往的世界社会主义中没有解决得很好。”[①] 他还指出，从形成更加成熟更加定型的制度看，**我国社会主义实践前半程**的主要历史任务是建立社会主义基本制度，并在这个基础上进行改革，现在已经有了很好的基础。**我国社会主义实践后半程**的主要历史任务是完善和发展中国特色社会主义制度，为党和国家事业发展、为人民幸福安康、为社会和谐稳定、为国家长治久安提供一整套更完备、更稳定、更管用的制度体系[②]。

党的十九大做出到本世纪中叶把我国建成社会主义现代化强国的战略安排，其中制度建设和治理能力建设的目标是：到2035年，各方面制度更加完善，国家治理体系和治理能力现代化基本实现；到本世纪中叶，实现国家治理体系和治理能力现代化。党的十九届二中、三中全会分别就修改宪法和深化党

① 习近平．习近平谈治国理政．北京：外文出版社，2014：91.

② 中共中央宣传部．习近平新时代中国特色社会主义思想学习纲要．北京：学习出版社，2019：84-85.

和国家机构改革做出部署，在制度建设和治理能力建设上迈出了新的重大步伐。党的十九届四中全会对中国特色社会主义制度的显著优势进行系统总结，提出坚持和完善中国特色社会主义制度、推进国家治理体系和治理能力现代化的总体目标，到新中国成立 100 年时，全面实现国家治理体系和治理能力现代化，使中国特色社会主义制度更加巩固、优越性充分展现。这将为实现党的长期执政和国家长治久安提供根本制度保障。

在总结改革开放 40 多年积累的宝贵经验时，习近平指出："必须坚持完善和发展中国特色社会主义制度，不断发挥和增强我国制度优势。"① 后来他又指出："制度更加成熟更加定型是一个动态过程，治理能力现代化也是一个动态过程，不可能一蹴而就，也不可能一劳永逸。我们提出的国家制度和国家治理体系建设的目标必须随着实践发展而与时俱进，既不能过于理想化、急于求成，也不能盲目自满、故步自封。"②

---

① 中共中央党史和文献研究院．十九大以来重要文献选编：上．北京：中央文献出版社，2019：732.

② 习近平．习近平谈治国理政：第 3 卷．北京：外文出版社，2020：127. 习近平多次强调这一理念。比如："没有坚定的制度自信就不可能有全面深化改革的勇气，同样，离开不断改革，制度自信也不可能彻底、不可能久远。我们全面深化改革，是要使中国特色社会主义制度更好；我们说坚定制度自信，不是要固步自封，而是要不断革除体制机制弊端，让我们的制度成熟而持久。"（习近平．习近平谈治国理政．北京：外文出版社，2014：106）又如："制度自信不是自视清高、自我满足，更不是裹足不前、固步自封，而是要把坚定制度自信和不断改革创新统一起来，在坚持根本政治制度、基本政治制度的基础上，不断推进制度体系完善和发展。"（习近平．习近平谈治国理政：第 2 卷．北京：外文出版社，2017：289）

历史唯物主义告诉我们，经济基础与上层建筑之间的交互作用构成的矛盾运动推动着社会发展。肯定中国特色社会主义制度具有多方面的显著优势，与坚持全面深化改革、不断完善和发展中国特色社会主义制度、推进国家治理体系和治理能力现代化并不矛盾。中国特色社会主义在新时代走向完善的过程，之所以在根本上离不开制度建设，是因为只有扭住完善和发展中国特色社会主义制度这个关键，坚决破除一切妨碍发展的体制机制障碍和利益固化藩篱，推动中国特色社会主义制度更加成熟更加定型，才能为进一步解放和发展社会生产力、解放和增强社会活力、永葆党和国家生机活力提供有力保证。

将改革开放进行到底

努力推动中国特色社会主义走向完善，需要站在更高起点、以更大决心和信心将改革开放进行到底。

党的十六大做出 21 世纪头 20 年，对我国来说是一个必须紧紧抓住并且大有作为的重要战略机遇期的重大判断。党的十九大报告又指出："当前，国内外形势正在发生深刻复杂变化，我国发展仍处于重要战略机遇期，前景十分光明，挑战也十分严峻。"①

① 中共中央党史和文献研究院．十九大以来重要文献选编：上．北京：中央文献出版社，2019：1.

在庆祝改革开放40周年大会上，习近平强调："我们现在所处的，是一个船到中流浪更急、人到半山路更陡的时候，是一个愈进愈难、愈进愈险而又不进则退、非进不可的时候。"[①] 党的十九届五中全会指出，"当前和今后一个时期，我国发展仍处于重要战略机遇期，但机遇和挑战都有新的发展变化"[②]。

回顾过去，改革开放每一步都不是轻而易举的；展望未来，改革开放必定还会面临这样那样的风险挑战，甚至会遇到难以想象的惊涛骇浪。改革开放已走过千山万水，但仍需跋山涉水。在全面建成小康社会、实现第一个百年奋斗目标的基础上，向全面建设社会主义现代化国家、实现第二个百年奋斗目标进发，摆在全党全国各族人民面前的使命更光荣，任务更艰巨，挑战更严峻，工作更伟大。站在新时代新阶段的更高起点，我们应该以更大的决心和信心将改革开放进行到底，努力推动中国特色社会主义走向完善，为建成社会主义现代化强国、实现中华民族伟大复兴提供道路、理论、制度和文化的强大支撑。

习近平指出："以数千年大历史观之，变革和开放总体上是中国的历史常态。中华民族以改革开放的姿态继续走向未

---

① 中共中央党史和文献研究院．十九大以来重要文献选编：上．北京：中央文献出版社，2019：738－739.

② 中国共产党第十九届中央委员会第五次全体会议文件汇编．北京：人民出版社，2020：20.

来，有着深远的历史渊源、深厚的文化根基。”[①] 在中国特色社会主义道路上实现中华民族伟大复兴，是一场接力跑。我们要顺应历史潮流，把握发展大势，奋发有为，锐意进取，高举中国特色社会主义伟大旗帜，将改革开放进行到底，不断实现人民对美好生活的向往，在新时代创造中华民族新的更大奇迹。

在2019年9月召开的中央全面深化改革委员会第十次会议上，习近平指出：“落实党的十八届三中全会以来中央确定的各项改革任务，前期重点是夯基垒台、立柱架梁，中期重点在全面推进、积厚成势，现在要把着力点放到加强系统集成、协同高效上来，巩固和深化这些年来我们在解决体制性障碍、机制性梗阻、政策性创新方面取得的改革成果，推动各方面制度更加成熟更加定型。”[②] 这里把至今为止的新时代全面深化改革分成了三个阶段。**“系统集成、协同高效”这八个字，明确给出了把新时代全面深化改革继续往前推进的方向指引和路径选择。**这也就意味着把中国特色社会主义制度体系作为一个有机整体，围绕新时代制度建设的总目标，不断完善各方面体制机制，特别要解决那些关键的体制性障碍、机制性梗阻问题，重塑制度体系，凝聚制度合力。

---

① 中共中央党史和文献研究院．十九大以来重要文献选编：上．北京：中央文献出版社，2019：738.

② 习近平．习近平谈治国理政：第3卷．北京：外文出版社，2020：179.

第十二章

法治

1997 年 9 月，党的十五大报告首次把依法治国视为党领导人民治理国家的基本方略。1999 年 3 月，九届全国人大二次会议通过宪法修正案，将“中华人民共和国实行依法治国，建设社会主义法治国家”载入宪法，使之成为治国的宪法原则与目标。2002 年 11 月，党的十六大报告把依法治国纳入中国特色社会主义政治发展道路——坚持党的领导、人民当家作主和依法治国——“三位一体”有机构成中。2014 年，党的十八届四中全会首次以全会的形式专题研究部署全面推进依法治国这一基本治国方略。党的十九大报告把全面依法治国写入“八个明确”和“十四个坚持”，并指出，全面依法治国是中国特色社会主义的本质要求和重要保障，必须把党的领导贯彻落实到依法治国全过程和各方面，坚定不移走中国特色社会主义法治道路，建设中国特色社会主义法治体系，建设社会主义法治国家，发展中国特色社会主义法治理论①。

法治的中国之道

现代法治源于西方资本主义文明，而中国开始接触西方法治观念和法治话语，是在清末。特别是在甲午战争后，清政府中的许多官员把日本获胜归因于其国内推行的明治维新，因此敦促清政府施行“预备立宪”，以建立君主立宪制。且不论清廷立宪心意的真假，由此可见当时中国对“法治”的理解至少有两个特点：首先，“法治”意味着君主立宪制；其次，“法治”往往被认为可以带来国家的强盛，或者说，清廷的衰弱被认为与它没有仿照西方或日本实行“法治”有关。可见，晚清对于“法治”的理解与其面临的形势密切相关：当时君主制在世界范围内仍是主流，但晚清君主制在内忧外患下已面临严重危机。

我们知道，中国近代失败屈辱史的开端，是在鸦片战争中

---

① 中共中央党史和文献研究院．十九大以来重要文献选编：上．北京：中央文献出版社，2019：16.

首遭英国欺凌，而英国就是世人眼中最典型的君主立宪制，加上在普法战争中获胜、有称霸欧陆之势的德国也是君主立宪制，所以日本的政府体制改革在某种程度上就是向英国、德国学习的结果。清政府既有的制度基础就是君主制，故而提出“预备立宪”时把英、德、日的君主立宪制视为法治典型就很好理解了。

但随着反对满清政府的革命情绪的高涨，共和主义思想也很快散布开来，在辛亥革命建立民国之后，美国和法国的共和主义法治模式便逐渐取代英、德、日的君主立宪法治模式。尤其是随着20世纪初美国势力在国际政治中的扩展及影响的增强，美国的法治模式在中华民国政制转型中颇受瞩目[①]。值得注意的是，在君主制崩溃后，民国初年不仅发生了政制论争，更是经历了政制实验，但历史证明，没有任何现成的模式可以解决中国问题。

从清末到民国的法治改革都以失败告终，究其原因，最主要的一条就是，所有的“法治”实验几乎注定都只是形式主义的，对于当时中国迫切需要解决的根本问题无济于事。当时中国的根本任务是什么？反帝反封建，建立统一独立的国家政权。就此而言，论者把“法治”与“富强”联系起来有足够道理，因

① “政制”在本书使用中大致相当于“政体”（二者是希腊语 politeia、英语 regime 的不同译名），中国典籍中亦常用，可视为广义的“政治制度”的简称。

为不管是哪家的、什么形式的“法治”，只要能给中国带来富强，就具有在当时中国存在和生长的充足正当性。

无论是严复还是梁启超，对此都有明显的自觉。严复思想中一直保持着对大清危亡的忧患意识，可以说在他看来，能够保大清的政制就是好的，而在民国肇造之后，他仍极力强调“国家”“国性”的重要①。尤其令人深思的是，他本人对于英国法治自由理念领悟颇深，但在语言译介中，还是认为“群己权界”比“个人自由”更重要②。梁启超的思想几经转折，但成熟期能代表其毕生思想结晶的，无疑是其关于“国家”“国体”“民性”的思想③。

研究近代中国法治的学者常常正确指出，法治在近代中国可能压根儿就只是“器”（工具理性），而非“道”（价值理性）。这倒不是因为国人对于法治的本义没有确解或故意曲解，而只是因为国人不能无视或歪曲中国自身真正的需要。法治话语在传入中国、展开实验之时，必然面临跨文化传播必然发生的正常变异。

法治话语在中国情境中所具有的真实意义，将不仅取决于它在西方情境中的原初意义，更取决于中国人在接受和使用它

---

① 严复．严复集：第2册．北京：中华书局，1986：342-345.

② 严复．严复集：第1册．北京：中华书局，1986：131-135.

③ 梁启超．梁启超全集：第8卷．北京：北京出版社，1999：2433-2443，2488-2507.

时，出于中国自身的客观现实需要而赋予它的新意义。这倒不是说，人们可以随意赋予“法治”什么内涵，而无视其原初意义的基本约束，而是说，“法治”在进入新的情境后若要获得生长壮大，必然会在与新土壤的化合反应中生成新的意义，且其在新情境整体结构中的地位与功能都将随之发生变化。

由此展现的一个根本原则是：不是要使中国实践适应西方法治话语的需要，而是要使西方法治话语适应中国实践的需要。如果说法治不只是“器”还是“道”的话，那这就是法治的中国之道。

社会主义法治建设

置身于中国数千年古典文明传统和近代以来新民主主义-社会主义革命传统的文明情境中，在中国特色社会主义进入新时代的今天，我们应该也能够发展出足以超越西方法治话语的中国特色社会主义法治理论，我们应该也能够建设成足以超越西方法治模式的中国特色社会主义法治体系。

习近平指出：“我们要坚持的中国特色社会主义法治道路，本质上是中国特色社会主义道路在法治领域的具体体现；我们要发展的中国特色社会主义法治理论，本质上是中国特色社会主义理论体系在法治问题上的理论成果；我们要建设的中国特色社会主义法治体系，本质上是中国特色社会主义制度的法律表现形式。”① 新时代中国特色社会主义法治建设对西方法治的超越，主要体现在以下几个方面：

第一，社会主义法治建设不是对西方法治的全盘否定，而是借鉴吸收了西方法治的合理内核。

西方法治的精义是防止任性专断的权力胡作非为，所以西方法治往往表现为一系列以“限权”为宗旨的制度设计，而西方法治话语也主要围绕如何规制国家和政府的权力展开。简言之，其合理内核就是使政治权力运行规范化，建立一种“规范政治”。习近平指出：“要加强对权力运行的制约和监督，把权力关进制度的笼子里，形成不敢腐的惩戒机制、不能腐的防范机制、不易腐的保障机制。”② “把权力关进制度的笼子里”，着眼点即在于此。而我们要建设的法治国家和法治政府，实质上也就是要使国家和政府权力的运行严格遵循法治轨道，更加制度化、规范化、程序化。

当然，借鉴吸收西方法治的合理内核，绝不意味着要照抄照搬西方法治的既定模式。其一，不宜像西方法治那样只是一味强调分权制衡，而要看到权力分工基础上的协作配合更加重

① 习近平．在省部级主要领导干部学习贯彻十八届四中全会精神全面推进依法治国专题研讨班开班式上的讲话．人民日报，2015－02－03．

② 中共中央文献研究室．十八大以来重要文献选编：上．北京：中央文献出版社，2014：136．

要；其二，即便是吸纳分权制衡思想，也只能从中国政治的实际出发进行制度设计，而不能直接复制政党制度、议会制度、联邦制度、司法独立等西方法治模式。建立符合中国实际的权力制约与监督制度，正如习近平所说，“要强化制约，合理分解权力，科学配置权力，不同性质的权力由不同部门、单位、个人行使，形成科学的权力结构和运行机制。要强化监督，着力改进对领导干部特别是一把手行使权力的监督，加强领导班子内部监督，加强行政监察、审计监督、巡视监督”①。

第二，社会主义法治建设在根本上是为了服务和发展人民民主（people's democracy），而西方法治在根本上是为了服务和发展资产阶级民主。

无论是何种形式的法治，都服务于一定的政治目的。社会主义国家实行人民民主专政，规定了国家的根本性质与目的。邓小平很早就说过：“为了保障人民民主，必须加强法制。必须使民主制度化、法律化，使这种制度和法律不因领导人的改变而改变，不因领导人的看法和注意力的改变而改变。”② 建设社会主义法治的根本目的是更好地发展人民民主，而西方实行法治的根本目的，是更好地发展资产阶级民主，限制人民民主。

---

① 中共中央纪律检查委员会，中共中央文献研究室．习近平关于党风廉政建设和反腐败斗争论述摘编．北京：中央文献出版社，2015：128.

② 邓小平．邓小平文选：第2卷．2版．北京：人民出版社，1994：146.

社会主义法治与西方法治的根本区别，正在于人民民主与资产阶级民主的目的论差异。人民民主旨在保证最广大人民群众当家作主的实际权利，不仅从法律形式上规定了公民享有平等的权利与自由，而且注重从经济、社会、文化等各方面积极创造条件予以保障，促进人和社会的全面进步。资产阶级民主虽然在抽象意义上把人的权利与自由具体化，但人们享有的权利与自由往往流于形式，且局限于政治领域，不注重从经济社会层面予以实质的保障，因此最终只能服务于少数资本家和富人的利益，不可能超越以私有制为基础的资本主义秩序。

第三，社会主义法治建设最本质的特征是坚持党的领导，党和法、党的领导和依法治国是高度统一的。

从其词源来看，“宪法”（constitution）的本源意思是指一个政治体的基本制度构成，特别是政治权力结构，颇似古典的“政制”（regime）观念，因此又常称为“宪制”。在现代语境下，一个国家的基本政治权力结构即是由这个国家的成文宪法及由宪法性法律（constitutional law）、宪法惯例（conventions of the constitution）和宪法学说等构成的不成文宪法规定组成的。因此，即便就西方政治文明传统内部而言，也应该超越对于“法治”的褊狭化、教条化理解。理解中国法治的宪法依据，要理解中国的成文宪法，也要理解现实中规范中国政治生活的形式多样的不成文宪法。

事实上，无论是古代的“法治”还是现代的“法治”，所面临的最基本问题是一个政治体的主权者与这个政治体的宪制结构的关系问题。在君主制下，这一问题的实质是君主与宪制结构的关系问题；在民主制下，这一问题的实质是人民或人民代表与宪制结构的关系问题。无论是英国的君主立宪制或议会内阁制，还是美国的国会政体或总统制，都要面临这一最基本问题。

在中国政治权力结构中，中国共产党占据领导地位。在人民主权的大前提下，因为革命胜利后转入国家建设，作为主权者的人民退场，而人民代表大会只是定期召开，人民代表并不经常在场，实际上是由党担任了人民的“常在代表”，代表人民行使主权①。发展人民民主，离不开党的领导；建设社会主义法治国家，同样离不开党的领导。党领导人民制定法律，同时在法律范围内活动。法律并非一成不变，党领导人民根据形势的变化和实际的需要而修订、废止法律，或制定新的法律。

习近平强调：“党和法治的关系是法治建设的核心问题。全面推进依法治国这件大事能不能办好，最关键的是方向是不是正确、政治保证是不是坚强有力，具体讲就是要坚持党的领导，坚持中国特色社会主义制度，贯彻中国特色社会主义法治理论。”② 又说：“中国共产党是中国特色社会主义事业的领导核

① 陈端洪．制宪权与根本法．北京：中国法制出版社，2010.

② 习近平．关于《中共中央关于全面推进依法治国若干重大问题的决定》的说明．人民日报，2014-10-29.

心，处在总揽全局、协调各方的地位。社会主义法治必须坚持党的领导，党的领导必须依靠社会主义法治。法是党的主张和人民意愿的统一体现，党领导人民制定宪法法律，党领导人民实施宪法法律，党自身必须在宪法法律范围内活动，这就是党的领导力量的体现。党和法、党的领导和依法治国是高度统一的。”①

第四，由上可知，社会主义法治及其理论的建设必须在坚持党的领导、人民当家作主和依法治国“三位一体”基本框架下展开。

习近平指出：“坚持中国特色社会主义政治发展道路，关键是要坚持党的领导、人民当家作主、依法治国有机统一，以保证人民当家作主为根本，以增强党和国家活力、调动人民积极性为目标，扩大社会主义民主，发展社会主义政治文明。”②中国特色社会主义政治文明建设，同样以民主和法治为基本价值导向，但与西方资本主义制度下的“自由民主”和“法治”有根本不同。

四项基本原则是中国的立国之本，是在中国《宪法》序言中明确予以表达的中国宪制结构的政治基础，规定了中国发展民主和建设法治的方向和路径。其中，坚持中国共产党的领导和走社会主义道路对于中国政治发展具有最现实也最根本的规定性。党的宗旨是全心全意为人民服务，社会主义的前途是实

① 习近平．习近平谈治国理政：第2卷．北京：外文出版社，2017：128.
② 习近平．习近平谈治国理政．北京：外文出版社，2014：139.

现人民的真正解放和社会的全面进步，正是在此基础上，中国政治发展才有超越西方法治这一政治文明形态的可能性。而其实质，就是中国共产党领导的人民当家作主与依法治国的辩证统一。发展社会主义法治，建设社会主义法治理论，不能够脱离这一基本框架孤立地进行。只有在深刻理解了中国特色社会主义政治发展道路的前提下，才可能把握中国法治建设的要义。

第五，社会主义法治理论更加注重治理权的积极作用，更加注重党的执政能力建设以及国家能力建设和政府责任建设，归根结底是为了提供一种更优良的国家治理之道。

西方法治的“限权”思维建立在“性恶论”的基础上，对于防止权力任性专断很有必要，但是把政府与国家权力仅仅视为“必要的恶”（necessary evil），必然致使权力更加难以成为“积极的善”（positive good）。实际上，在西方法治话语陷入教条自由主义的桎梏之前，治理权的重要性一直都得到承认。英国法治最初是建立在强大王权的基础上，否则就谈不上对王权的限制；美国制定宪法的初衷也是为了建立统一国家，首先赋予联邦政府有效权力，其次才是对其进行限制。

对于中国这样一个有着悠久历史传统、复杂地理环境、多元民族与文化、广土众民的超大型国家而言，因为时刻面临各种内外问题与挑战，有效的治理权尤为重要。建设社会主义法治，归根结底是为了提供一种更加优良有效的国家治理之道，需要放在推进国家治理体系与治理能力现代化的广大视野中来审视。“如果把治国比喻成一本大书，那么法治就是大纲，纲立文顺、纲举目张。治理体系中，法治体系成为关键一环；治理能力中，依法治国成为重要内容，法治的引领和规范，确保我国社会在深刻变革中既生机勃勃又井然有序。”①

社会主义法治建设应该注重党的执政能力建设，特别是通过法治方式治国理政的能力建设；应该注重国家能力建设，以适应和保障改革发展稳定各项事业的进步；应该注重政府责任建设，以积极回应和满足人民群众的实际需求。

第六，社会主义法治建设立足于中国古典文明传统与近现代革命传统，广泛吸收借鉴人类法治文明优良成果，一定会超越西方法治，对人类社会发展做出更大贡献。

中国古典文明传统奉行“儒表法里”的治理之道，在“法治”建设方面积累了宝贵的经验与智慧。当然，中国古典法家思想是为君主制度服务的，“法治”内涵也不同于现代法治，但在治理治理者尤其是严肃吏治方面，对于社会主义法治建设仍有很大借鉴价值。中国古典文明传统主张“德主刑辅”，重视道德教化，尤其是“为政以德”的政治哲学对执政者的道德修为提出高标准严要求，对于社会主义法治建设仍极具启迪意义。社会主义法治理论也要重视法治与德治的有机互补，重视

① 人民日报社评论部．“四个全面”学习读本．北京：人民出版社，2015：176－177.

提高执政党执政能力与保持党的先进性的齐头并进。

近现代革命传统，特别是中国共产党领导的新民主主义革命、社会主义革命，则为社会主义法治建设提供了高远的视野，那就是要超越西方法治的狭隘目的论，致力于社会解放和人类解放的崇高事业。因此，社会主义法治理论在接纳了自由、权利、平等、民主等价值的同时，力避仅仅使其停留在法律形式层面，而是强调法治文明建设是一项系统工程，要建立在人和社会的全面进步基础之上，并致力于人和社会的全面进步。社会主义革命同样具有伦理内涵，社会主义法治理论也应服务于塑造更好的人和建设更好的社会，而非为法治而法治。在这样的社会主义法治理论指导下，中国的社会主义法治建设可以为人类社会发展和治理方式的探索提供更佳的可能，为人类法治文明进步做出自己应有的贡献。

第十三章

党建

党的十九大报告指出，“中国特色社会主义最本质的特征是中国共产党领导，中国特色社会主义制度的最大优势是中国共产党领导，党是最高政治领导力量”[①]。“十四个坚持”是新时代中国特色社会主义基本方略，也是新时代中国共产党治国理政方略。其中摆在首位的是“坚持党对一切工作的领导”，最后压轴的则是“坚持全面从严治党”。“十个明确”的一首一尾，亦大抵如此。言下之意，治国理政的关键是要不断加强和改善党的领导，而要不断加强和改善党的领导，就必须高标准严要求地把党自身建设好。可见，党的领导和党的建设有机统一。

① 中共中央党史和文献研究院．十九大以来重要文献选编：上．北京：中央文献出版社，2019：14.

党的十九届四中全会通过的《中共中央关于坚持和完善中国特色社会主义制度　推进国家治理体系和治理能力现代化若干重大问题的决定》重申了十九大报告的以上重大政治论断，并指出："必须坚持党政军民学、东西南北中，党是领导一切的，坚决维护党中央权威，健全总揽全局、协调各方的党的领导制度体系，把党的领导落实到国家治理各领域各方面各环节。"① 这就进一步提出了把党的领导和党的建设从总体上予以制度化的明确要求。

"党的领导"的能动性

党的领导制度在中国特色社会主义制度体系中居于统领地位，不仅表现在这一制度是我国的根本领导制度，这一制度优势位列十三个显著优势之首，而且表现在这一制度要落实到国家治理各领域各方面各环节，这一制度优势要贯穿到所有别的制度优势之中。在很大程度上可以说，如果党的领导制度优势不能得到充分发挥，那么所有别的方面的制度优势也很难得到应有表现。

① 中国共产党第十九届中央委员会第四次全体会议文件汇编．北京：人民出版社，2019：23.

问题在于，怎么从理论上理解“中国共产党领导是中国特色社会主义最本质的特征，是中国特色社会主义制度的最大优势”？一般来讲，党的领导属于上层建筑，而上层建筑由经济基础所决定，何以党的领导成了“最本质的特征”？何以党的领导制度优势成了具有统摄性、决定性的制度优势？

我们认为，把党的领导仅仅视为上层建筑，主要是从静态视角来看，但在现实生活中，党的领导总是存在于经济基础和上层建筑的相互作用中，尤其是因为上层建筑对于经济基础的反作用在一定情况下还可以成为决定性的，党的领导，尤其是党对社会主义现代化建设的全面领导就不可能仅仅是经济基础的被动反映，而是深深地贯穿到生产力的发展和生产关系的完善中，贯穿到社会基本矛盾运动的整个过程中。所谓“领导”，突出的也正是其能动的反作用，而非被动地反映或适应。

首先，共产党是人的解放者。从社会主义发展史来看，在共产党诞生前，工人运动一直是自发的，对于彻底改造现实资本主义制度作用极为有限，但在马克思主义和以马克思主义理论武装头脑的共产党诞生后，工人运动就从自发走向自觉，从分散走向联合，从被动走向主动，这样才可能真正产生巨大的改造现实的力量。在资本主义社会，人仍处于一种被奴役的状态；在“未来社会”，人成为生产资料的主人，成为自己的主人。如何实现这种转变呢？首先要靠共产党来领导革命，打碎旧的国家机器，实现人的解放。共产党的领导绝不仅仅是上层建筑，它是实实在在的生产力，因为它解放了生产力中最活跃的人。

其次，共产党是物的解放者。在革命时期，在处于被压迫被剥削地位的时候，无产阶级及其政党的首要任务是打碎旧的国家机器，破除阻碍生产力发展的旧的生产关系。夺取政权以后，第一要义就是要尽快增加社会生产力的总量，不断发展生产力。我们讲社会主义的本质，就强调要通过改革来不断解放和发展生产力，最大限度地增加社会物质财富总量。因此，共产党的领导也是实实在在的生产过程。

再者，共产党是社会进步的引领者。社会发展过程是各方面因素相互作用形成的合力的结果。更多关注私利的个人很大程度上是盲动的，但是社会发展是有规律的。只有遵循规律，人才能获得自由，获得主动。共产党通过掌握马克思主义的科学理论，运用伟大的认识工具去把握社会规律，使人类活动实现了合目的性和合规律性的高度统一，因此能够指引社会发展的前进方向，引领社会发展的未来。

最后，共产党是社会主义制度优势的激发者。社会主义制度具有许多优势，但这些优势只有激发出来才能变成推动社会发展进步的现实力量。靠什么去激发呢？就要靠党的领导。如果社会主义制度优势受到了阻碍，制度出现了弊端，同样也要依靠党的领导去改革、去化解。离开了党的领导，发挥社会主义制度优势就会成为一句空话。

“先进性团体”

中国共产党作为领导党和执政党，是马克思主义的先锋队，同时也是植根中华文明丰沃土壤的“先进性团体”。习近平在庆祝中国共产党成立 95 周年和 100 周年大会上的讲话有一个明显的共同特点，就是把中国共产党放在中国大历史的视野中来看。实际上，正如理解中国特色社会主义不能脱离开五千多年中华文明史，对于中国共产党的理解，尤其对于中国人民选择中国共产党这样一个先进性团体来担当国家再造和文明复兴的历史使命这一点，也要放置在中华文明发展的整个脉络中来看。

中华文明传统政制，实质上是某种以皇权为前提，并兼有贤能制和教权制色彩的混合政制，作为先进性团体的儒家士大夫团体参与共治。其最为特殊之处，也正在于这个混合政制的中坚力量——代表德性要素的士大夫团体的特点及其演化。它并无真正贵族的门第与血脉，却是古代贵族文化权威的继承者与阐释者。与先秦贵族相比，士大夫集团主要来自平民，却通过学习和实践宗法礼仪、德性教养，将自己变成君子大人。他们所学习的儒家经典并非出世的一神教，但他们却起到了其他文明体中教士所起的教化平民、传承文明基本共识的作用。这个团体的存在和变化，打通和超越了其他文明特有的政治与宗教、贵族与平民、国家与社会、中央与地方特别是文明与国家的对立，从而使传统中国能够在古代社会的最大限度内解决阶级矛盾问题。中国社会的阶级冲突虽然没有消除，但弱化了其他文明中常见的尖锐的阶级对立与阶级斗争，其主要原因就在于这个秉持与发挥儒家学说的先进性团体的存在[①]。

近代中国遭遇“三千年未有之大变局”，在学习现代政党政治的过程中，中华文明传统的先进性团体转化为革命与执政的先锋队。一方面，与传统执政团体相比，现代先进性团体即中国共产党，强化了人民性、普遍性与组织性。它同人民主权的关系比古代执政团体同君主主权的关系更为复杂。传统的先进性团体本身就有着丰富的人民性资源，人民主权时代的现代政党则进一步强化了它。而且，将正当性奠定在全民同意基础上的现代国家也势必要求一个比不下县的皇权更强大的全面控制能力，故而现代政党必须拥有比士大夫团体更强、更广的民众动员能力。这是传统先进性团体必须进行现代转化的主要原因。另一方面，现代政党依然是民众的先锋队，中华文明传统关于贤士与民众关系的某些教诲在此仍然适用。

所以也就不难理解，中国共产党压根儿就不同于西方的选

---

① 对先进性团体及其现代转化的论述，可参见：丁耘．中道之国：政治·哲学论集．福州：福建教育出版社，2015：124－130.

举型政党。它是**一种发展型的、使命型的先进性政党**。中国特色社会主义进入新时代，我们愈加突出了中国共产党所肩负的民族复兴历史使命，其实中国共产党从一开始就具有这种使命感。而中国共产党在根本上也不同于一般的群众性政党，这也主要体现在其先进性上。这种先进性与这种使命感是相应的。

正是因为中国共产党是中国特色社会主义事业的领导核心，中国共产党的领导是中国特色社会主义最本质的特征和中国特色社会主义制度的最大优势，党在整个治国理政过程中处于总揽全局、协调各方的地位，所以党自身的建设极为重要。而在中国共产党的百年历程中，党自身的建设随着形势与任务的变化而进行调整。**改革开放以来，中国共产党面临的难题不仅是如何提高抓改革促发展保稳定的领导水平与执政能力，更是如何保持党自身的先进性和纯洁性。**

任何政党都具有一般政党所有的普遍性和具体政党所具有的独特性。然而，发源于西方政治现代性的流行政党理论，却倾向于强调一种褊狭的普遍性，即以西方政党政治的现实为基础，建构一般的政党制度比较框架。这造成的实际后果，即把非西方的广大发展中国家的政党政治作为一种不成熟的有待进化的“他者”来看待，却丝毫不考虑现代政党政治本身可能具有多样化的模式。中国共产党在新时代领导中国人民建设社会主义现代化国家、实现中华民族伟大复兴的新型政党政治的鲜活实践，呼唤着一种新的政党理论的诞生，它应该从中国共产党来理解中国共产党，而非从西方政党来理解中国共产党。

那么，应该如何概括中国共产党的独特性呢？《中国共产党章程》总纲开首即言："中国共产党是中国工人阶级的先锋队，同时是中国人民和中华民族的先锋队，是中国特色社会主义事业的领导核心，代表中国先进生产力的发展要求，代表中国先进文化的前进方向，代表中国最广大人民的根本利益。党的最高理想和最终目标是实现共产主义。"在此，"两个先锋队"鲜明而准确地界定了中国共产党最为根本的内在特性，即先进性。正是基于此，中国共产党才有资格成为"领导核心"，而"三个代表"是这种先进性的具体表现。

早在2005年1月14日，胡锦涛就在关于"保持共产党员先进性"的专题报告中明确指出："先进性是马克思主义政党的根本特征，也是马克思主义政党的生命所系、力量所在。"① 因此，"加强党的先进性建设，始终是我们党生存、发展、壮大的根本性建设"②。苏联共产党在一党长期执政条件下逐渐丧失的那个"根本"，就是马克思主义政党的先进性。同样作为马克思主义政党，中国共产党的独特性中最根本的就是它的先进性，包括理论和实践、思想和行动上的先进性。

作为"先进性团体"的中国共产党，同时置身在中华文

① 胡锦涛．胡锦涛文选：第2卷．北京：人民出版社，2016：263.

② 同①268.

明和马克思主义两大传统中，既继承了中华文明“贤能政治”“德性政治”的传统，又通过马克思列宁主义的思想武装实现了现代的新生。中国共产党党建的根本目标，也就是通过加强党自身的建设，使党永远保持为一个“先进性团体”。党的十八大报告曾提出“建设学习型、服务型、创新型的马克思主义执政党”[①]，此“三型政党”即是对“先进性团体”的恰切描绘，同时也就如何建设“先进性团体”给出了明确思路。

当然，中国共产党要永远保持自身先进性，就要不断同一切弱化先进性、损害纯洁性的问题作斗争。习近平一再强调：“全党要以自我革命的政治勇气，着力解决党自身存在的突出问题，不断增强党自我净化、自我完善、自我革新、自我提高能力，经受‘四大考验’、克服‘四种危险’，确保党始终成为中国特色社会主义事业的坚强领导核心。”[②]

党的十八大之前，中国共产党形成了思想建设、组织建设、作风建设、反腐倡廉建设、制度建设的党建格局。党的十八大以来，中国共产党坚持和加强党的全面领导，强化党要管党、全面从严治党，以加强党的长期执政能力建设、先进性和纯洁性建设为主线，以党的政治建设为统领，进一步形成了

---

① 胡锦涛．胡锦涛文选：第3卷．北京：人民出版社，2016：653-654.

② 习近平．习近平谈治国理政：第2卷．北京：外文出版社，2017：43.

"全面推进党的政治建设、思想建设、组织建设、作风建设、纪律建设，把制度建设贯穿其中，深入推进反腐败斗争"[①] 新的党建格局，不断提高党的建设质量，致力于把党建设成为始终走在时代前列、人民衷心拥护、勇于自我革命、经得起各种风浪考验、朝气蓬勃的马克思主义执政党。

自我革命

勇于自我革命是中国共产党最显著的标志。

习近平在十九届中央纪委三次全会上的重要讲话强调，在进行社会革命的同时不断进行自我革命，是我们党区别于其他政党最显著的标志，也是我们党不断从胜利走向新的胜利的关键所在[②]。这一论断深化了中国共产党的自我认知，具有丰富而深刻的内涵，对于不断推进新时代党的建设新的伟大工程具有根本指导意义。

毛泽东曾经在《论联合政府》中总结过，中国共产党区别于其他任何政党的显著标志，就是三个"新的工作作风"，即

① 中共中央党史和文献研究院．十九大以来重要文献选编：上．北京：中央文献出版社，2019：43－44.

② 习近平在十九届中央纪委三次全会上发表重要讲话．(2019－01－11)[2021－02－01]. http：//www. xinhuanet. com/politics/leaders/2019－01/11/c_1123979062. htm.

理论和实践相结合的作风、和人民群众紧密地联系在一起的作风以及自我批评的作风①。2017 年 2 月 13 日，在省部级主要领导干部学习贯彻十八届六中全会精神专题研讨班上，2018 年 1 月 5 日，在学习贯彻党的十九大精神研讨班的开班式上，习近平反复强调，勇于自我革命，是我们党最鲜明的品格。“知人者智，自知者明。”从“显著标志”到“最鲜明的品格”，再到新的表述“最显著的标志”，显示了中国共产党的自我认知愈加自觉、精辟和深邃。

现代政治是政党政治，而世界上的政党千姿百态。中国共产党从一开始就是一个以马克思列宁主义理论为指导的政党，同时在中国革命、建设和改革的具体实践中，也逐渐形成并一直葆有属于自己的独特性。这使它**既不同于所有的非马克思主义政党，也不同于一般的马克思主义政党。**

一部中国共产党的历史，就是一部苦难与辉煌交织的奋斗史，就是一部在领导中国人民进行社会革命的同时不断进行自我革命的探索史。和其他任何政党一样，中国共产党并非没有走过弯路、犯过错误，但最终总是能够坚持真理、修正错误。党、人民和国家的事业发展到哪里，党的自我革命就跟进到哪里。

---

① 毛泽东．毛泽东选集：第 3 卷．2 版．北京：人民出版社，1991：1094－1097.

中国共产党的自我革命精神，一方面根源于以实现共产主义为最高理想的马克思主义政党的内在本质，另一方面也深植于“苟日新，日日新，又日新”的伟大中华文明传统。中国共产党的自我革命精神，体现在全心全意为人民服务的根本宗旨，体现在实事求是的思想路线，体现在群众路线的工作方法，体现在批评与自我批评的优良作风。这些，都是中国共产党在中国历史、文化和现实国情下的伟大创造，都是对马克思主义政党特征的丰富与发展。

一场社会革命要取得最终胜利，往往需要一个漫长的历史过程。苏联共产党就曾因为丧失自我革命精神而倒在了社会革命的途中。中国共产党已经领导中国人民进行了长达百年的社会革命，只有继续发扬彻底的自我革命精神，以刮骨疗毒的决心和意志消除一切损害党的先进性和纯洁性的因素，把党建设得更加坚强有力，才能把新时代坚持和发展中国特色社会主义这场伟大社会革命进行好，不断从胜利走向新的胜利。

在长期执政条件下进行自我革命、实现自我跨越，绝非易事。习近平在十九届中央纪委二次全会上指出：**“自我监督是世界性难题，是国家治理的哥德巴赫猜想。**我们要通过行动回答‘窑洞之问’，练就中国共产党人自我净化的‘绝世武功’。”[①] 发扬彻底的自我革命精神，就要把思想建党、制度治

① 习近平．习近平谈治国理政：第3卷．北京：外文出版社，2020：511.

党、纪律管党相结合，构建不敢腐、不能腐、不想腐的有效机制，就要开展严肃认真的党内政治生活，培育积极健康的党内政治文化，涵养风清气正的党内政治生态，形成实现自我净化、自我完善、自我革新、自我提高的有效途径。

至大无外，至公无私。中国共产党除了国家、民族和人民的利益，没有任何自己的特殊利益，所以才能勇于自我革命、全面从严治党，才能谋根本、谋长远。中国共产党自觉发扬伟大的自我革命精神，必将使自身最显著的标志转化为自身最大的优势，不断推进新时代党的建设新的伟大工程，为进行伟大斗争、推进伟大事业、实现伟大梦想提供最根本的政治保证。

群众路线

践行群众路线是保持党的政治性的根本要求。

落后国家建设社会主义的基本逻辑是：由无产阶级政党领导人民进行革命，推翻既有的反动政权，然后在执政条件下，通过先进的政治和文化的力量，改造落后的经济基础和社会关系，推动社会的全面进步和人自身的发展。因此，在共产党执政的国家，党是各领域全方位的领导者，“党是领导一切的”。

中国共产党的建设，最根本的无疑是保持党作为马克思主义政党的政治本色。但对于党的“政治性”，需要有恰切的理解。**什么是政治性呢？简单讲，就是源于无产阶级政党本质的党性和人民性的统一。**其中的关键在于，决不能离开人民性而只谈党性。

党的群众路线是联结和统一党性与人民性的关键，是中国共产党保持党的政治性、强化党的领导权的根本要求。《关于建国以来党的若干历史问题的决议》对“群众路线”的概括是：“群众路线，就是一切为了群众，一切依靠群众，从群众中来，到群众中去。”[①] 群众路线既是方法论，又是认识论，是处理好党和人民群众关系的根本法则。理解群众路线，关键在于吃透“从群众中来”和“到群众中去”这一“来”一“去”之间的辩证统一关系。而其实质，也就是要吃透党和人民、干部和群众之间的“师生辩证法”。

毛泽东强调：“只有代表群众才能教育群众，只有做群众的学生才能做群众的先生。如果把自己看作群众的主人，看作高踞于‘下等人’头上的贵族，那末，不管他们有多大的才能，也是群众所不需要的，他们的工作是没有前途的。”[②] 首先是要虚心拜人民群众为师，认真做人民群众的学生，然后才可能做人民群众的先生。后来他还一再强调：“要在人民群众

---

① 中共党史研究室．两个历史问题的决议及十一届三中全会以来党对历史的回顾．北京：中共党史出版社，2013：114.

② 毛泽东．毛泽东选集：第3卷．2版．北京：人民出版社，1991：864.

那里学得知识，制定政策，然后再去教育人民群众。所以要当先生，就得先当学生，没有一个教师不是先当过学生的。而且就是当了教师之后，也还要向人民群众学习，了解自己学生的情况。”① 邓小平也曾指出：“只有首先善于做群众的学生的人，才有可能做群众的先生，并且只有继续做学生，才能继续做先生。一个党和它的党员，只有认真地总结群众的经验，集中群众的智慧，才能指出正确的方向，领导群众前进。”②

总之，中国共产党是要以实践为师、以群众为师的，实践和群众既是党的理论和路线方针政策的源泉，更是检验党作为一个学习-创新型的先进性团体，是否保持先进性的重要标准。只有在深入实践、联系群众的基础之上，党才可能以先锋队的角色去领导群众、教育群众、塑造群众、提升群众，使群众不断达到社会主义事业所需要的素质、觉悟和水准。

如果对“政治性”没有很好的理解，特别是看不到“政治性”、“人民性”和“先进性”三者之间的内在联系，过度的“政治化”很可能走向歧路。而“群众路线”之所以能够成为党保持政治性、强化领导权的根本要求，是因为只有真正走群众路线，才可能避免走极端。

党保持政治性、强化领导权，核心就在于通过群众路线使

---

① 毛泽东．毛泽东文集：第 8 卷．北京：人民出版社，1999：324.

② 邓小平．邓小平文选：第 1 卷．2 版．北京：人民出版社，1994：218－219.

党成为建立在人民群众基础之上的"有机政党"。而在党的政治性经过长期的资本力量和实利主义的冲刷后，可能出现"去政治化"乃至"非政治化"的情况下，党要重建政治性，核心同样在于恢复群众路线的政治视野，深入群众，重建党和群众的内在有机关系，亦即"血肉联系"。就此而言，加强和规范党内政治生活，的确不能仅仅就"党内"而言。加强和规范党内政治生活，历史上已经积累了不少成功经验，群众路线就是其中重要一条。而且，加强和规范党内政治生活，根本目的也是要重建党的政治性，这在根本上要求群众路线更有效地运行起来，保持党同人民群众的血肉联系。

中国共产党是一个通过走群众路线保持政治性的马克思主义政党，党性与人民性和先进性的统一多有赖于此。这是理解中国共产党以政治和文化的力量领导建设新国家新社会这一执政逻辑的关键，也是理解为何以及如何加强和规范党内政治生活的关键。党的十八届六中全会指出："我们党来自人民，失去人民拥护和支持，党就会失去根基。必须把坚持全心全意为人民服务的根本宗旨、保持党同人民群众的血肉联系作为加强和规范党内政治生活的根本要求。"① 为了回应这一根本要求，应该切实探索建立党员领导干部践行群众路线的长效机制。

① 中国共产党第十八届中央委员会第六次全体会议文件汇编．北京：人民出版社，2016：40.

民主集中制

按照民主集中制原则建立无产阶级政党，是马克思主义建党学说中的重要原则，也是无产阶级政党区别于其他政党的一个重要标志。马克思、恩格斯并没有明确使用民主集中制概念，但他们始终把民主和集中相统一作为组织活动的基本原则，坚持所有成员在组织生活中一律平等，并少数服从多数。列宁在创建俄国布尔什维克党的过程中，第一次明确提出了民主集中制概念，不过他根据实际斗争的需要，有时说党是按照民主制组织起来的，有时又说党是按照集中制组织起来的，实质都是指向民主集中制。

在根本上，实行民主集中制，是由无产阶级政党的性质和使命决定的。党作为先锋队组织，要实现自己所担负的历史重任，就必须集中无产阶级以及广大人民群众的力量，统一行动，有组织、有领导地开展斗争。可以讲，列宁以民主集中制建党，中国共产党发扬光大，使民主集中制同时成为建党和建国的原则。《中国共产党章程》第二章第十条明确规定："党是根据自己的纲领和章程，按照民主集中制组织起来的统一整体。"《中华人民共和国宪法》第一章第三条明确规定："中华人民共和国的国家机构实行民主集中制的原则。"

民主集中制能够成为国家政权的组织原则，主要是因为中国共产党是领导党和执政党，直接领导和参与国家制度的运行，因此党和国家的两套制度安排就交叉起来，相互影响。当然，由于党领导国家建设，所以党的制度安排对国家的制度安排的影响，就会更加全面深刻些。

作为党和国家的双重组织原则，民主集中制的核心要义与精髓在于民主和集中的辩证统一关系。民主是“集中指导下的民主”，集中是“民主基础上的集中”，二者相互依存，相互制约，不可分离。在不同的具体情况下，或许会有所偏重，有意地强调民主一面或集中一面，但同时决不能忽视另一面，而是必须两者兼顾。毛泽东在《关于正确处理人民内部矛盾的问题》中说过：“在人民内部，不可以没有自由，也不可以没有纪律；不可以没有民主，也不可以没有集中。这种民主和集中的统一，自由和纪律的统一，就是我们的民主集中制。”[①] 善于在政治实践中辩证地把握二者关系，正是政治艺术的表现。

党的民主集中制包括非常丰富的内容，若是总结归纳、取其精华，它实际上主要体现的，乃是**党的集中统一、党的集体领导与党的群众路线三者的有机统一。**党的集体领导制度本身，恰可谓党的民主集中制最显著、最集中、最有力的体现。

---

① 毛泽东．毛泽东文集：第 7 卷．北京：人民出版社，1999：209.

它既包括了民主，也包括了集中。它一方面与党内民主和党的群众路线构成辩证关系，另一方面又与党的集中统一构成辩证关系。通过正确运行党的集体领导制度，可以为我们的事业提供强大的领导力。习近平向党员领导干部推荐阅读毛泽东写的《党委会的工作方法》，用意不可谓不深切。

结　语

“中国社会主义”及其文明形态

马克思和恩格斯在1850年初写的关于晚清中国的时评曾说：**“中国社会主义之于欧洲社会主义，也许就像中国哲学与黑格尔哲学一样。”**① 这里所说的“中国社会主义”，指的是当时“造反的平民”“要求完全重新分配财产，甚至要求完全消灭私有制”的强烈倾向，以至于“世界上最古老最巩固的帝国”被带到了“一场必将对文明产生极其重要结果的社会变革的前夕”。

然而，古老的中国历经近代以来百年动荡，最终在中国共产党的领导下，取得了新民主主义革命与社会主义革命的胜

① 中共中央编译局．马克思恩格斯论中国．北京：人民出版社，2018：134.

利，一跃成为在社会性质上较之资本主义国家更为先进优越的社会主义中国。当中国特色社会主义进入新时代，中华民族迎来了从站起来、富起来到强起来的伟大飞跃，我们所要强调的不只是“中国社会主义”的特殊性，更是现代社会主义与中华文明的融通性。实际上，**“中国社会主义”的特殊性以及优越性，相当程度上正在于它深深植根于中华文明的丰沃土壤。可以说，较之欧洲文明或者西方文明，中华文明完全可以平分秋色，甚至在解决人类共同面临的问题时可以表现得更为出色。**

因此，基于对中国特色社会主义的文明特质、文明自信和文明战略的论述，我们最后想把作为一种新型现代社会主义文明的中国特色社会主义，进一步表述为“中国社会主义”，用于突出中国特色社会主义文明是现代社会主义与中华文明融通的结果。进而，我们想对其虽未定型但已显形的“文明形态”进行简要勾勒。“中国社会主义”应该而且可以为人类做出更大的贡献。

探寻“中国之道”

在当前话语中，“中国特色社会主义”主要是指改革开放以来中国化马克思主义的新发展。而“中国社会主义”，自然包括了中国特色社会主义，并以其为主体，但用意所在，也是为了把整个中国的社会主义大传统包括在内。由此，或可继往开来，以一种更加清醒的自觉和更加坚定的自信，把新时代中国特色社会主义推向更加广大的新境地。

众所周知，在党的十八大之前中国化马克思主义业已产生了两次历史性飞跃，其思想成果一是毛泽东思想，二是中国特色社会主义理论体系。毛泽东思想主要是在革命战争年代形成和发展的，实现了古老中国的“旧邦新命”，缔造了现代中国的“革命传统”；中国特色社会主义是在改革开放新时期形成和发展的，突破了“儒家中国”和“革命中国”的双重传统，使中国走向富强，接近复兴。面向21世纪的中国社会主义，亦即“新时代中国特色社会主义”站在一个新的历史起点上，同时面对“孔夫子的传统”、“毛泽东的传统”和“邓小平的传统”。中国化马克思主义要想取得进一步的创新发展，也必然要对三者做损益会通的工作，探寻一以贯之的“中国之道”。

与把“毛泽东的传统”和“邓小平的传统”打通相比，把“孔夫子的传统”和“毛泽东的传统”打通似乎更为艰难。要打通传统文明与现代中国，无疑仍有许多艰难的基础工作要做，而且这在很大程度上取决于中国的思想和实践在未来将如何进一步展开。但无论如何，中国的思想和实践已经行进到，需要以民族-文明复兴的大历史观，更好地阐述自身历史连续性和价值普遍性——亦即“中国之道”——的境地了。

“中国社会主义”之所以可能上升到“道”的层次，是因为中国自身内在即有社会主义的传统。而中国的社会主义传统，体现的正是一以贯之的中国之道，也就是“社会主义”。以社会主义为价值基础来树立中国之道，意在以社会主义之道统贯古今，使中国在21世纪获得真正的复兴与新生。

所谓“中国”，首先自然是一个立足当下的**政治和地理概念**，是指中国共产党领导中国人民，在中华大地上建立的，具有独立统一主权的中华人民共和国，也就是新中国或现代中国。其次，“中国”还是一个**历史和文化概念**，是指包括新中国和老中国、现代中国和传统中国在内，作为数千年中华历史文化载体的“文明中国”。由此进一步言之，“中国”还是一个**哲学或道学概念**，是中华文明关于自然人世的最高智慧，即“易”道或“中”道的国体呈现，所以“中国”即“中道之国”。

因为受着“中国”的规定，“中国社会主义”也至少具有以下三个层面的意涵：首先，它是新中国的革命建国所立足的社会主义**价值基础**，是源自西方的马克思列宁主义与中国本土实际国情相结合的产物，是一种承自科学社会主义的现代社会主义。其次，它是贯穿中国数千年历史文明传统的**价值追求**，是从古典传统的儒家社会主义到中国化马克思主义，内在传承和一以贯之的大道。最后，它意味着“社会主义”的历史传承实质上是**“中国之道”的具体显现**，是“不易中的变易”与“变易中的不易”的辩证统一，是永恒经典（“经”）与现实经验（“史”）的相互照亮、相互发明，是具体历史中与时俱进的思想理论创新。

真正的“大道”，必然既是现实主义的，也是理想主义的，又是保守主义的，由此才可以立足当下，承接过去，指引未来，生发出真正的连续性和主体性。“中国社会主义”就是这样的“大道”。不过要重新深入理解“中国社会主义”，先得恰当理解“社会主义”，因为说到底，“中国社会主义”只能是在“中国”和“社会主义”相互赋义的过程中形成和发展的。

“中国社会主义”的生成

“社会主义”作为一种具有现代性色彩的社会思潮和意识形态，是在资本主义产生和发展的过程中出现的。1848 年《共产党宣言》的发表，标志着科学社会主义的正式诞生。马克思主义的科学社会主义体现了理论的彻底性，透彻分析了资本主义经济关系主导下的社会形态，看到它内在地具有不可避免的结构性矛盾，即生产资料私人占有制与社会化大生产之间的矛盾，从而把批判的武器直指私有制。同时，它也指出了资本主义在自身发展的过程中造就了自身的“掘墓人”，即现代无产阶级，资本主义的衰败和灭亡就像它的产生和发展一样，都将是一个体现社会发展基本规律的自然历史过程。更重要的是，它还指出了资本主义社会必然要走向的社会形态，即“代替那存在着阶级和阶级对立的资产阶级旧社会的，将是这样一个联合体，在那里，每个人的自由发展是一切人的自由发展的条件”①。这样一个“自由人联合体”，也就是理想的社会主义和共产主义社会。

在《资本论》第一篇第一章关于“商品拜物教”的论述中，马克思深刻指出：“只有当实际日常生活的关系，在人们面前表现为人与人之间和人与自然之间极明白而合理的关系的时候，现实世界的宗教才会消失。只有当社会生活过程即物质生产过程的形态，作为自由联合的人的产物，处于人的有意识有计划的控制之下的时候，它才会把自己的神秘的纱幕揭掉。但是，这需要有一定的社会物质基础或一系列物质生存条件，而这些条件本身又是长期的、痛苦的发展史的自然产物。”②

显然，马克思对“未来社会”亦即社会主义社会的理解，

---

① 马克思，恩格斯．马克思恩格斯文集：第 2 卷．北京：人民出版社，2009：53.

② 马克思，恩格斯．马克思恩格斯文集：第 5 卷．北京：人民出版社，2009：97.

首先还是基于“物质生产过程”的实质性变化。就像马克思对“资本主义”的批判，实质上是对资本主义生产关系的批判一样，**马克思对“社会主义”的主张，实质上是对“人与人之间和人与自然之间极明白而合理的关系”的主张**。在资本主义社会，人只是作为孤立抽象的原子化“个体”而存在的，这正是资本主义社会所需要的，而在社会主义社会，人将获得完满的“社会性”，成为真正的“自由人”。

“社会主义”最本真的旨趣，也就是把人的本质还给人，而正如马克思在《关于费尔巴哈的提纲》中所说，“人的本质不是单个人所固有的抽象物，在其现实性上，它是一切社会关系的总和”①。人的“社会性”本身也不是抽象的，而是具体的，它在不同的历史条件下表现出不同的形式，很多时候它还可能以一种异化的形式存在，而只有在社会主义社会中，在“自由人联合体”中，个人与社会的矛盾才能得到很好的解决，人的个体性存在和社会性存在才能获得高度和谐统一的形式。

实际上，在任何社会，每个人都是以肉身化的个体形式存在，但在不同社会的“个体”身上，所反映的社会关系却可能非常不同。这才是关键。资本主义把个人理解为抽掉了一切社

① 马克思，恩格斯．马克思恩格斯文集：第1卷．北京：人民出版社，2009：505.

会关系实质内涵的抽象“个体”，并试图以此抽象“个体”为本位，来构建整个社会的生产关系以及其他社会关系。社会主义则把个人还原到他所置身的社会关系尤其是生产关系中来理解，主张以“社会”为本位来构建整个社会的生产关系以及其他社会关系。

当然，严格说来，如果说资本主义社会已是现实存在，那么社会主义社会却还只是理想形态，对于“社会主义”的理解也更多具有理想类型的意义。只不过，虽然建设完美的社会主义社会似乎是一个无限趋近的目标，但其方向是明确的。由此，一个漫长的自然历史过程所指向的目标，反过来也可以成为规定现实运动的价值，并具有伦理道德的意义。

社会主义的真正实现，需要物质和精神两方面的必要条件，一是社会生产力的高度发展和物质生活的极大丰富，二是人的自由全面发展和精神境地的极大提升。这也正是一个在改造客观世界的过程中改造主观世界，社会和人相互促进、共同进步的无止境过程。相应地，就其最核心的价值而论，社会主义至少蕴含着“平等”和“觉悟”两个方面的意思，并且只有把这两个方面结合起来，才能很好地理解其中每一个方面。

平等不仅是指政治和法律层面的形式平等，更是指经济和社会层面的实质平等。此外还有更高意义上的，也就是精神和文化层面的觉悟的平等。觉悟，即“无产阶级觉悟”的简称，正是对所有这些方面人的平等的觉悟，尤其是对于人可能获得这种平等觉悟的觉悟。觉悟到自己是人，“人所具有的我都具有”①，我和所有人一样平等，正如所有人和我一样平等。我们都应该葆有这种觉悟，使自己成为一个自由全面发展的人，一个对社会的全面进步有益处的人。

“平等的觉悟”和“觉悟的平等”，所着眼的也正是一个优良的共同体、一个社会主义社会、一个“自由人联合体”的构建和发展。平等和觉悟说的是社会主义最核心、最基本的价值。而从社会或共同体层面来讲，我们也可以由“共有”衍生出“共建”“共享”“共治”“共生”“共荣”等价值观，丰富“社会主义”的基本内涵。显然，它们都是围绕着“共”字展开，也都是以平等和觉悟为基础。

在此基础上，把“中国”和“社会主义”相连，实际上可能产生双重效果：一方面是通过“中国”强化“社会主义”的基本取向与核心价值，并使“社会主义”与“中国”深化融合，推进社会主义的中国化；另一方面是通过“社会主义”赋予“中国”新义，实现“中国”的现代再造，也就是“旧邦新命”。

在深层次上，“中国”意味着中华文明的思想特质。由此，

① “我是人，人所具有的我都具有。”语出古罗马哲人泰伦提乌斯（公元前190—前159年），马克思很喜欢这句话并引用过。

正如我们在讨论中国特色社会主义的文明特质时所显示的，“中国社会主义”必然具有很大程度上源于中华文明的文明特质。这里还需要强调的是，中华文明的“有机整体主义”世界观和方法论，强化了“中国社会主义”以“社会”为本位的价值取向和以“共”为中心的社会哲学。同时，中华文明的“中道”智慧和思维，使“中国社会主义”可以葆有明觉的实践智慧，免于陷入不切实际的激进主义乃至虚无主义的陷阱。

虽然正如熊十力、梁漱溟、吕思勉、钱穆等不少现代思想大家所强调的，古典中国自身即有“社会主义”的传统，然而那主要是指一种基于“家庭”这一小共同体的价值取向，离现代意义上的社会主义，尤其是科学社会主义的意旨尚远。现代资本主义使“人”从过去的一切封建关系中解放出来，成为独立自主的“个体”，这自然成为现代社会主义产生的前提和发展的基础。现代社会主义要建设的新“社会”，是一种超越了种种封建性的“血缘”或“地缘”小共同体的大共同体，是由平等和觉悟的“自由人”所构成的“联合体”。故而，“中国社会主义”之于“中国”，不仅是传统的契合，更是现代的新生。

马克思列宁主义中国化的过程，也正是现代社会主义与中华文明交融的过程，也就是“社会主义”和“中国”彼此会通、相互赋义、融合创新的过程。现代社会主义进入中国后，

在适应中国的过程中也在改造着中国，同样地，现代社会主义要真正改造中国，就必须扎根在中国的土壤，经受“中国”的改造。只有在“中国”与“社会主义”，也就是中华文明与现代社会主义的相互塑造、深度融合的过程中，古典中国的“社会主义”传统才能被激活，现代中国的“社会主义”也才能成为新的传统。这也正是“中国社会主义”的生成过程。

“中国社会主义”的文明形态

文明特质、文明自信和文明战略，构成我们理解中国特色社会主义这一新型现代社会主义文明为什么“好”的基本框架。其中，文明特质是深层次的原因，无论是道路、理论、制度、文化的自觉自信还是现代化、改革、法治、党建等战略布局，都浸润着实事求是、体用不二、顺时守中、重民尚德、和合共生的文明特质。

当然，我们这里所说的“文明论”绝不意味着仅仅从精神性的因素去探寻中国特色社会主义为什么“好”。在中国共产党领导人民开创中国特色社会主义伟业的基本逻辑中，实践逻辑永远是第一位的，但要深入理解这一伟业获得成功的原因，深入把握中国特色社会主义的“好”，需要越过表面诸多因素，进行深层次的反思。**放在中华文明发展史和人类社会发展史的**

大历史视野中看，现代社会主义与中华文明的交融，已经不可逆地使中华文明的发展目标和前进方向发生根本性变化，但同时中国特色社会主义的开创和发展，其方式、轨道、路径却完全是中华文明式的，处处体现着中华文明的特质。这就是中华文明以中华文明的方式进行的自我革命和自我更新。不管中华文明经历如何重大的变革，哪怕把异质性的因素引入自身之中，它总还是葆有自己的核心特质。

中国特色社会主义还处在不断完善和发展之中，不过从“中国道路”中已经初步生成“中国方案”，展现出一种虽未定型但已初具雏形的“文明形态”。“中国特色社会主义”正在走向“中国社会主义”。我们把这种新型现代社会主义文明概括为“共生型文明”。这里想试着初步勾勒一些“中国社会主义”的文明形态，也就是“共生型文明”在经济、政治、文化、社会、生态等方面的具体表现形式，也就是说，“中国方案”在这些方面所提供的具体方案。

毛泽东在《新民主主义论》中从经济、政治、文化三个方面论述新民主主义社会的特征，提供了经典的“三位一体”框架。邓小平提出了物质精神和精神文明，并且强调这两个文明要“两手抓，两手都要硬”。江泽民进一步提出了“政治文明”，形成了与“三位一体”相应的“三个文明”。至此，总体还在《新民主主义论》的框架内。新世纪以来，在经济社会急剧转型发展的大背景下，胡锦涛提出了“和谐社会”与“生态文明”，不过着力多的是社会建设，生态文明建设主要是在党的十八大召开之后不断加强。由此，从“三位一体”到“四位一体”，再到“五位一体”，形成了经济建设、政治建设、文化建设、社会建设、生态文明建设“五位一体”的总体布局。同时，由于“生态文明”的提出，文明布局也从“三个文明”发展到“四个文明”。到了党的十九大，“社会文明”正式提出，“五个文明”的文明布局也正式形成。

党的十九大报告在提到到本世纪中叶建成“富强民主文明和谐美丽的社会主义现代化强国”时，提出“到那时，我国物质文明、政治文明、精神文明、社会文明、生态文明将全面提升”[①]。“五个文明”与“五个建设”一一照应，实际上也正是“五个建设”的目标或结果。因此，**依“建设”而言的“五位一体”总体布局，依“文明”而言，也就是中国特色社会主义要努力实现的文明布局。这一文明布局所显示的文明形态，也正是中国特色社会主义“好”的直接体现。而且，文明特质、文明自信、文明战略三者，最终也要体现在不断走向成熟和定型的文明形态上。**

我们现在还无法对“中国社会主义”的文明形态给出结论性的论断，但“中国社会主义”发展至今，已在物质文明、政

① 中共中央党史和文献研究院．十九大以来重要文献选编：上．北京：中央文献出版社，2019：20.

治文明、精神文明、社会文明、生态文明等方面表现出一些明显的特点，具有一些结构性特征。它们所反映的，也正是中华文明与现代社会主义的交融结果，或者说，以中华文明的方式所推进的中国社会主义的建设成果。这五个方面，我们依次把它们概括为“混合经济”“协商政治”“包容文化”“共享社会”“优美生态”。

所谓“混合经济”，是指在以公有制为主体的前提下，公有制经济与非公有制经济共同发展、相互促进，有为政府和有效市场同时并用、互为补充。中国特色社会主义经济就是在不断破除原来高度集中的计划经济体制和单一的公有制经济体系的过程中开创的，这使其不同于传统社会主义经济体制；同时，非公有制经济的发展又绝不能动摇公有制的主体地位，这使其不同于资本主义经济体制。除了混合公有制经济和非公有制经济为一体之外，还同时并用“有形的手”和“无形的手”，使政府和市场这“两只手”同时发挥作用，不是相互打架，而是相互补充，形成有为政府和有效市场的辩证统一。无疑，那种无论是从教条马克思主义理论还是从西方自由主义理论出发来理解中国经济的视角，都是有问题的，它们均无从发现和理解中国经济基于“共生型文明”的原创性。

所谓“协商政治”，是指在中国共产党的领导下，各部门、各地方、各党派、各团体、各民族、各宗教、各阶层、各方面等有事好商量、有事能商量、有事善商量，通过协商凝聚共

识，团结起来，向着共同目标奋进。社会主义民主是人民民主，人民民主有两种基本实现形式，包括选举和协商，是全过程民主。其中协商更重要、更根本，是中国政治的伟大创造。这使中国政治既区别于高度集权的苏联政治，又区别于资本主义代议制下的选举政治。协商包括纵向协商，也包括横向协商。纵向协商，比如中央和地方的协商，旨在发挥中央和地方"两个积极性"；横向协商，比如中国共产党领导的多党合作和政治协商，铸就了"长期共存，互相监督，肝胆相照，荣辱与共"的政党关系，形塑了一种既区别于一党制又区别于多党制的新型政党制度。

所谓"包容文化"，是指在保证马克思主义在意识形态领域指导地位的前提下，大力促进"百花齐放、百家争鸣"，同时把中华优秀传统文化、革命文化和社会主义先进文化熔为一炉，实现中华文化的创造性转化和创新性发展。一方面，"包容"绝不是无原则的，社会主义文化建设以马克思主义为指导思想，具有鲜明的人民性，与封建主义文化和资本主义文化有根本区别，因此我们要继承的是中华优秀传统文化，而不是要"复古"；要吸收的是人类社会先进文化，而不是要"变质"。另一方面，随着经济基础的变动以及市场化和全球化的推进，利益多元化必然导致思想多元化，新时代社会主义意识形态的构建一定要保持足够的开放性和包容性，在回应时代多元思潮与大众观念变化的基础上实现引领。

所谓“共享社会”，是指社会共同体的每一员，都有权利有责任参与社会建设和社会治理，在共建中实现共享，在共享中实现共治，不断提升整体社会文明程度。在“个体”获得解放的情况下，为了使社会不致沦入原子化荒漠化的境地，同时为了防止不可避免的社会分化进一步成为阶层固化，重建社会成员之间和各阶层各群体之间的有机联系至关重要。社会主义社会建设尤其强调共享社会发展成果，这既是共同建设的目的，又是合作治理的基础。共享社会的一个突出表现，就是不断向着共同富裕的目标前进，不断推动共同富裕取得更大的实质性进展。

所谓“优美生态”，是指在不断推进经济社会发展的过程中，把保护和优化生态环境、维续人与自然的和谐关系、实现可持续高质量发展放在更重要位置。中国特色社会主义在发展过程中，由于种种原因，对生态环境造成了一定的破坏，这既不符合中华文明的天人合一理念和人类文明可持续发展理念，也有违中华民族的根本长远利益。从科学发展观的提出，到新发展理念的提炼，均把建设生态文明、打造优美生态、实现中华民族长期可持续发展放在突出位置。中国社会主义的继续发展，一定不能走先污染再治理的路子，而是把打造优美生态作为实现高质量发展的一个前提条件，把生态文明建设融入经济、政治、文化、社会等各方面建设中。这既是为中华民族的子孙后世长远着想，也是为人类社会，尤其是为发展中国家探索更好的现代化路径做出自己的贡献。

“五位一体”主要是从国家内部建设讲的，“五个文明”也是就我们要建成的社会主义现代化强国而言的。而我们对中国社会主义文明形态的理解，还应包括国际关系和全球治理层面。从“三个世界”理论到“和平发展”“和谐世界”主张再到“新型大国关系”“人类命运共同体”理念，中国共产党的思想理论一直包括国际维度，致力于探索解决人类世界共同面对的发展和治理问题。与“五个文明”相应，或可认为中国社会主义关于国际关系和全球治理的主张指向“天下文明”层面，具体内容就是“命运与共”。

所谓“命运与共”，是指人类生活在一个共同的地球村，在一些事关人类发展和治理的根本性问题上面临共同命运，世界上各个国家尤其是主要大国，应该通过多边主义的积极协商建立共识，寻求合作，致力于人类共同利益的实现。为此，应该反对任何形式的单边主义、霸权主义、沙文主义，反对任何国家把自身利益凌驾于其他国家乃至人类共同利益之上。国与国之间不是你死我活的零和博弈关系，不宜奉行弱肉强食的丛林法则。社会主义代表人类社会发展的方向，不过就可见的将来而言，资本主义与社会主义两种社会制度将长期共存，并在相互竞争和相互学习中获得自身不断的发展，共同促进人类社会的不断进步。

中华文明具有天下主义的理想情怀，未把自己局限于特定封闭的疆土上，而中华民族的自我认同，归根结底是文明认同。正是因此，虽然历经数千年沧桑世变，但是中华文明未曾中断，并且自身影响力进一步扩大。中华文明的可大可久，反映的是其内蕴的非凡的包容涵化伟力。很重要的一点是，中华文明崇尚中道，这恰使其能够吸纳消化各种“极端”或“异端”，将其融为自身的一部分，因此进一步提升自身的包容涵化之力。**现代社会主义本是西方文明发展的产物，中国社会主义作为中华文明与现代社会主义交融的结果，实际上已经把西方文明化为自身的一部分。在中华民族走向伟大复兴的征途上，随着中华文明与西方文明以及其他文明更直接的碰撞、更深入的交流，中国社会主义会获得进一步发展，变得更加完善，更有影响，为人类做出更大贡献。**

参考文献

1. 马克思，恩格斯．马克思恩格斯全集：第1卷．北京：人民出版社，1956.

2. 马克思，恩格斯．马克思恩格斯全集：第18卷．北京：人民出版社，1964.

3. 马克思，恩格斯．马克思恩格斯全集：第19卷．北京：人民出版社，1963.

4. 马克思，恩格斯．马克思恩格斯全集：第23卷．北京：人民出版社，1972.

5. 马克思，恩格斯．马克思恩格斯文集：第1卷．北京：人民出版社，2009.

6. 马克思，恩格斯．马克思恩格斯文集：第2卷．北京：人民出版社，2009.

7. 马克思，恩格斯．马克思恩格斯文集：第3卷．北京：人民出版社，2009.

8. 马克思，恩格斯．马克思恩格斯文集：第5卷．北京：人民出版社，2009.

9. 马克思，恩格斯．马克思恩格斯文集：第10卷．北京：人民出版社，2009.

10. 马克思，恩格斯．马克思恩格斯选集：第1卷．3版．北京：人民出版社，2012.

11. 马克思，恩格斯．马克思恩格斯选集：第3卷．3版．北京：人民出版社，2012.

12. 中共中央编译局．马克思恩格斯论中国．北京：人民出版社，2018.

13. 列宁．列宁选集：第2卷．3版修订版．北京：人民出版社，2012.

14. 毛泽东．毛泽东选集：第1卷．2版．北京：人民出版社，1991.

15. 毛泽东．毛泽东选集：第2卷．2版．北京：人民出版社，1991.

16. 毛泽东．毛泽东选集：第3卷．2版．北京：人民出版社，1991.

17. 毛泽东．毛泽东选集：第4卷．2版．北京：人民出版社，1991.

18. 毛泽东．毛泽东文集：第3卷．北京：人民出版社，1996.

19. 毛泽东．毛泽东文集：第7卷．北京：人民出版社，1999.

20. 毛泽东．毛泽东文集：第8卷．北京：人民出版社，1999.

21. 中共中央文献研究室．建国以来毛泽东文稿：第6册．北京：中央文献出版社，1992.

22. 中共中央文献研究室，新华通讯社．毛泽东新闻工作文选．北京：新华出版社，2014.

23. 中华人民共和国国史学会．毛泽东读社会主义政治经济学批注和谈话：上．北京：中华人民共和国国史学会，1998.

24. 中共中央文献研究室．周恩来早期文集：上卷．北京：中央文献出版社，1997.

25. 邓小平．邓小平文选：第1卷．2版．北京：人民出版社，1994.

26. 邓小平．邓小平文选：第2卷．2版．北京：人民出版社，1994.

27. 邓小平．邓小平文选：第3卷．北京：人民出版社，1993.

28. 中共中央文献研究室．邓小平年谱（1975—1997）．北京：中央文献出版社，2004.

29. 江泽民．江泽民文选：第2卷．北京：人民出版社，2006.

30. 江泽民．江泽民文选：第3卷．北京：人民出版社，2006.

31. 胡锦涛．胡锦涛文选：第2卷．北京：人民出版社，2016.

32. 胡锦涛．胡锦涛文选：第3卷．北京：人民出版社，2016.

33. 习近平．习近平谈治国理政．北京：外文出版社，2014.

34. 习近平．习近平谈治国理政：第2卷．北京：外文出版社，2017.

35. 习近平．习近平谈治国理政：第3卷．北京：外文出版社，2020.

36. 习近平．论坚持党对一切工作的领导．北京：中央文献出版社，2019.

37. 习近平．论中国共产党历史．北京：中央文献出版社，2021.

38. 习近平．在党史学习教育动员大会上的讲话．求是，2021（7）.

39. 习近平．在庆祝中国共产党成立一百周年大会上的讲话．北京：人民出版社，2021.

40. 中共中央纪律检查委员会，中共中央文献研究室．习近平关于党风廉政建设和反腐败斗争论述摘编．北京：中央文献出版社，2015.

41. 习近平．关于《中共中央关于全面推进依法治国若干重大问题的决定》的说明．人民日报，2014-10-29.

42. 习近平．在省部级主要领导干部学习贯彻十八届四中全会精神全面推进依法治国专题研讨班开班式上的讲话．人民日报，2015-02-03.

43. 中共中央宣传部．习近平新时代中国特色社会主义思想学习纲要．北京：学习出版社，2019.

44. 中共中央文献研究室．建国以来重要文献选编：第9册．北京：中央文献出版社，2011.

45. 中共中央文献研究室．建国以来重要文献选编：第15册．北京：中央文献出版社，2011.

46. 中共中央文献研究室．十三大以来重要文献选编：上．北京：中央文献出版社，2011.

47. 中共中央文献研究室．十四大以来重要文献选编：上．北京：中央文献出版社，2011.

48. 中共中央文献研究室．十五大以来重要文献选编：上．北京：中央文献出版社，2011.

49. 中共中央文献研究室．十六大以来重要文献选编：上．北京：中央文献出版社，2005.

50. 中共中央文献研究室．十六大以来重要文献选编：下．北京：中央文献出版社，2008.

51. 中共中央文献研究室．十八大以来重要文献选编：上．北京：中央文献出版社，2014.

52. 中共中央文献研究室．十八大以来重要文献选编：中．北京：中央文献出版社，2016.

53. 中共中央党史和文献研究院．十八大以来重要文献选编：下．北京：中央文献出版社，2018.

54. 中共中央党史和文献研究院．十九大以来重要文献选编：上．北京：中央文献出版社，2019.

55. 中国共产党第十八届中央委员会第六次全体会议文件汇编．北京：人民出版社，2016.

56. 中国共产党第十九届中央委员会第四次全体会议文件汇编．北京：人民出版社，2019.

57. 中国共产党第十九届中央委员会第五次全体会议文件汇编．北京：人民出版社，2020.

58. 中国共产党第十九届中央委员会第六次全体会议文件汇编．北京：人民出版社，2021.

59. 中共中央党史研究室第一研究部，等．两个历史问题的决议及十一届三中全会以来党对历史的回顾．北京：中共党史出版社，2013.

60. 人民日报社评论部．“四个全面”学习读本．北京：人民出版社，2015.

61. 本书编写组．社会主义发展简史．北京：人民出版社，2021.

62. 王弼．周易注．楼宇烈，校释．北京：中华书局，2011.

63. 王弼．老子道德经注校释．楼宇烈，校释．北京：中华书局，2008.

64. 张栻．张栻集．长沙：岳麓书社，2010：571.

65. 章学诚．文史通义校注．叶瑛，校注．北京：中华书局，1985.

66. 严复．严复集：第 1 册．北京：中华书局，1986.

67. 严复．严复集：第 2 册．北京：中华书局，1986.

68. 梁启超．梁启超全集：第 8 卷．北京：北京出版社，1999.

69. 熊十力．熊十力全集：第 3 卷．武汉：湖北教育出版社，2001.

70. 熊十力．熊十力全集：第 7 卷．武汉：湖北教育出版社，2001.

71. 梁漱溟．梁漱溟文集：第 3 卷．济南：山东人民出版社，2005.

72. 梁漱溟．梁漱溟文集：第 4 卷．济南：山东人民出版社，2005.

73. 范文澜．中国通史简编：上．北京：商务印书馆，2017.

74. 金冲及．星火的启示：革命根据地创建与发展．北京：生活·读书·新知三联书店，2020.

75. 吴冷西．忆毛主席．北京：新华出版社，1995.

76. 王沪宁．政治的逻辑．上海：上海人民出版社，2016.

77. 楼宇烈．中国文化的根本精神．北京：中华书局，2016.

78. 许倬云．中国文化的精神．北京：九州出版社，2018.

79. 陈来．中华文明的核心价值．北京：生活·读书·新知三联书店，2015.

80. 姜义华．中华文明的根柢．上海：上海人民出版社，2012.

81. 郭齐勇．中国文化精神的特质．北京：生活·读书·新知三联书店，2018.

82. 金观涛，刘青峰．兴盛与危机：论中国社会超稳定结构．北京：法律出版社，2011.

83. 丁耘．道体学引论．上海：华东师范大学出版社，2019.

84. 丁耘．中道之国：政治·哲学论集．福州：福建教育出版社，2015.

85. 陈端洪．制宪权与根本法．北京：中国法制出版社，2010.

86. 李猛．自然社会：自然法与现代道德世界的形成．北京：生活·读书·新知三联书店，2015.

87. 任晓．走向世界共生．北京：商务印书馆，2019.

88. 甘阳，刘小枫．重新阅读西方．南方周末，2006-01-13.

89. 强世功．中国宪法中的不成文宪法：理解中国宪法的新视角//潘维．中国模式：解读人民共和国的60年．北京：中央编译出版社，2009.

90. 赵京华．"近代的超克"与"脱亚入欧"：关于东亚现代性问题的思考．开放时代，2012 (7).

91. 徐俊忠．关于新中国政治文明与政治类型的思考：兼谈中国共产党的政治定位．开放时代，2020 (4).

92. 林国基．约法传统与美国建国．上海：上海人民出版社，2013.

93. 刘晨光．"三三制"民主：原因、问题与实质．科学社会主义，2014 (5).

94. 黑格尔．哲学史讲演录：第1卷．贺麟，王太庆，译．北京：商务印书馆，1995.

95. 黑格尔．法哲学原理．范扬，张企泰，译．北京：商务印书馆，1979.

96. 黑格尔．历史哲学．王造时，译．上海：上海书店出版社，1999.

97. 埃利亚斯．文明的进程．王佩莉，袁志英，译．上海：上海译文出版社，2013.

98. 霍布斯．利维坦．黎思复，黎廷弼，译．北京：商务印书馆，1986.

99. 洛克．政府论：下．叶启芳，瞿菊农，译．北京：商务印书馆，1997.

100. 罗素．中国问题．秦悦，译．上海：学林出版社，1996.

101. 麦迪森．世界经济千年史．伍晓鹰，等译．北京：北京大学出版社，2003.

102. 考文．美国宪法的“高级法”背景．强世功，译. 北京：生活·读书·新知三联书店，1996.

103. 施特劳斯．自然权利与历史．彭刚，译．北京：生活·读书·新知三联书店，2003.

104. 亨廷顿．文明的冲突与世界秩序的重建．周琪，等译．3 版．北京：新华出版社，2002.

105. 竹内好．近代的超克．李冬木，等译．北京：生活·读书·新知三联书店，2016.

后　记

这本小书完稿于 2021 年春节期间，比最早约的时间晚了好几个月。感谢中国人民大学出版社副社长郭晓明先生和牛晋芳编审的宽谅，亦感谢责任编辑们的辛勤付出。

有这样的机缘小结自己近年来关于中国特色社会主义的思考，自然是可喜的。但要在这个领域说出点儿新意，着实不易。最终选定文明论视角，是思量甚久的结果。至于会不会有人认同，以及会有多少人认同，却并无把握。

新时代中国特色社会主义的发展比预想的更快一些。

交稿后没几天，2021 年 2 月 20 日，在党史学习教育动员大会上的讲话中习近平总书记指出，中国共产党人“坚持把马克思列宁主义同中国实际相结合，用马克思主义真理的力量激活了中华民族历经几千年创造的伟大文明，使中华文明再次迸发出强大精神力量”。同时还强调：“马克思主义深刻改变了中国，中国也极大丰富了马克思主义。”①

① 习近平．在党史学习教育动员大会上的讲话．求是，2021（7）．

又一个月后，2021 年 3 月 22 日，习近平总书记在福建武夷山朱熹园考察时更加明确地指出："如果没有中华五千年文明，哪里有什么中国特色？如果不是中国特色，哪有我们今天这么成功的中国特色社会主义道路？"①

待到习近平总书记在庆祝中国共产党成立 100 周年大会上提出"两个结合"，新时代中国共产党理论创新的步伐迈出了意义重大的一步。

在这一重要讲话中，习近平总书记强调："我们坚持和发展中国特色社会主义，推动物质文明、政治文明、精神文明、社会文明、生态文明协调发展，创造了中国式现代化新道路，创造了人类文明新形态。"② 这是中国共产党在重大会议重要文献中第一次正式明确提出中国特色社会主义创造了一种"人类文明新形态"。而本书不正是尝试回答中国特色社会主义何以创造了一种人类文明新形态吗？

中国共产党之所以通过坚持和发展中国特色社会主义创造了人类文明新形态，是因为中国特色社会主义实现了马克思主义的现代社会主义与中华文明的深度交融。二者在这种交融中相互激发、相互塑造，一方面实现了马克思主义对中华文明的

---

① 习近平考察朱熹园谈文化自信：没有中华五千年文明，哪有我们今天的成功道路．(2021-03-23)[2021-07-06]．http：//www.xinhuanet.com/politics/leaders/2021-03/23/c_1127243217.htm.

② 习近平．在庆祝中国共产党成立一百周年大会上的讲话．人民日报，2021-07-02 (2).

现代再造，另一方面也实现了中华文明对现代社会主义的重新发明。

党的十九届六中全会通过的《中共中央关于党的百年奋斗重大成就和历史经验的决议》指出：“习近平新时代中国特色社会主义思想是当代中国马克思主义、二十一世纪马克思主义，是中华文化和中国精神的时代精华，实现了马克思主义中国化新的飞跃。”[①] 这里所说的“马克思主义中国化新的飞跃”，正是源于中华文明与马克思主义在21世纪中国的深度交融。

“我们认为，中国特色社会主义进一步发展的方向，就是成为更具文明论意义，同时也更具普遍历史意义的中国社会主义。我们相信，新时代中国特色社会主义也正在朝着这个方面发展。”[②] 历史前进的步伐正在证明这一点。

可以说，习近平新时代中国特色社会主义思想就是中华文明与马克思主义融合创造的最新伟大成果。它既是马克思主义中国化的思想新篇，又是中华文明现代化的理论表达；既体现了鲜明的“主义”自觉与自信，又彰显了强烈的“文明”自觉与自信。

---

① 中国共产党第十九届中央委员会第六次全体会议文件汇编．北京：人民出版社，2021：48.

② 鄢一龙，白钢，吕德文，等．天下为公：中国社会主义与漫长的21世纪．北京：中国人民大学出版社，2018：144.

怀着这样的自觉与自信，在中国共产党的坚强领导下，意气风发的中国人民正在新征途上昂然奋进，亦古亦新的中华民族正在不可逆转地走向复兴、再创辉煌！

刘晨光

2021 年 12 月

图书在版编目（CIP）数据

中国特色社会主义为什么好/刘晨光著．--北京：
中国人民大学出版社，2022.5
（“中国之治的成功密码”丛书）
ISBN 978-7-300-30529-5

Ⅰ.①中…　Ⅱ.①刘…　Ⅲ.①中国特色社会主义一理
论研究　Ⅳ.①D610

中国版本图书馆 CIP 数据核字（2022）第 062356 号

“中国之治的成功密码”丛书
中国特色社会主义为什么好
刘晨光　著
Zhongguo Tese Shehui Zhuyi Weishenme Hao

出版发行	中国人民大学出版社		
社　　址	北京中关村大街 31 号	**邮政编码**	100080
电　　话	010－62511242（总编室）		010－62511770（质管部）
	010－82501766（自营网店）		010－62514148（明德书店）
	010－62511173（销售部）		010－62515275（盗版举报）
网　　址	http：//www.crup.com.cn		
经　　销	新华书店		
印　　刷	固安县铭成印刷有限公司		
开　　本	890 mm×1240 mm　1/32	**版　　次**	2022 年 5 月第 1 版
印　　张	8.25 插页 2	**印　　次**	2025 年 12 月第 2 次印刷
字　　数	153 000	**定　　价**	48.00 元